Aperfeiçoar a Constituição

Aperfeiçoar a Constituição

2021

Jorge Miranda
Professor Catedrático das Faculdades de Direito
da Universidade de Lisboa e da Universidade Católica Portuguesa

ALMEDINA

APERFEIÇOAR A CONSTITUIÇÃO
AUTOR
Jorge Miranda
EDITOR
EDIÇÕES ALMEDINA, S.A.
Rua Fernandes Tomás, nºs 76, 78 e 80
3000-167 Coimbra
Tel.: 239 851 904 · Fax: 239 851 901
www.almedina.net · editora@almedina.net
DESIGN DE CAPA
FBA.
CAPA
EDIÇÕES ALMEDINA, S.A.
PRÉ-IMPRESSÃO
EDIÇÕES ALMEDINA, S.A.
IMPRESSÃO E ACABAMENTO

, 2021
DEPÓSITO LEGAL
....

ALMEDINA | GRUPOALMEDINA

Biblioteca Nacional de Portugal – Catalogação na Publicação

MIRANDA, Jorge, 1941-

Aperfeiçoar a Constituição. – (Opúsculos)
ISBN 978-972-40-9473-1

CDU 342

Aos meus filhos e às minhas netas

DO AUTOR, OUTROS ESCRITOS POLÍTICO-CONSTITUCIONAIS

- *Um Projecto de Constituição*, Braga, 1975
- *Constituição e Democracia*, Lisboa, 1976
- *Do Conselho da Revolução ao Conselho da República*, in *Perspectivas*, 1980
- *Um Projecto de Revisão Constitucional*, Coimbra, 1980
- *Antecedentes da Constituição da República de São Tomé e Príncipe*, in *Africana*, 1990
- *Anteprojecto de uma lei do referendo*, in *Revista da Faculdade de Direito da Universidade de Lisboa*, 1991
- *Ideias para uma revisão constitucional em 1996*, Lisboa, 1996
- *Uma Constituição para Timor*, Lisboa, 2001
- *Constituição e Cidadania*, Coimbra, 2003
- *Coerência e aprofundamento da democracia*, in *Cidadania – Uma visão para Portugal*, obra coletiva, Lisboa, 2007
- *Na hipótese de outra revisão constitucional*, in *Estudos em homenagem ao Prof. Doutor Sérvulo Correia*, obra coletiva, Coimbra, 2010

I
Explicação

A) A Constituição de 1976

1. 45 anos após a sua aprovação e através de múltiplas vicissitudes internas e externas, políticas, culturais, económicas e sociais, a Constituição de 2 de abril de 1976 tornou-se a Constituição portuguesa mais duradoura a seguir à Carta Constitucional, de 1842 a 1910.

Começada a elaborar em tempo de radicalismo revolucionário em Lisboa, acabaria por ser conformada em tempo de pacificação política tornada possível pelos acontecimentos de 25 de novembro de 1975. Continha, no texto inicial, formulações ideológicas próximas do marxismo (em sete ou oito artigos dos trezentos e doze) e mantinha ainda, a título transitório, o Conselho da Revolução.

Nada disso poderia prevalecer sobre:

- a afirmação da dignidade da pessoa humana como base da República, o Estado de Direito democrático e o pluralismo de expressão e organização políticas (artigos 1.º e 2.º);
- o primado dos direitos fundamentais em face da organização económica (Parte I do texto constitucional);
- o extenso e rigoroso enunciado de direitos, liberdades e garantias e de direitos económicos, sociais e culturais (artigos 24.º e segs. e 58.º e segs.);
- a interpretação e a integração de harmonia com a Declaração Universal dos Direitos do Homem (artigo 16.º, n.º 2);

- o jus-universalismo, traduzido no princípio da equiparação de direitos dos não portugueses (artigo 15.º), na proibição de extradição quando o Direito do Estado requisitante preveja pena de morte ou outra de que resulte lesão irreparável da integridade física (artigo 33.º, n.º 6), o respeito dos direitos do homem nas relações internacionais (artigo 7.º, n.º 1);
- a prescrição da aplicação imediata dos direitos, liberdades e garantias e de direitos de natureza análoga (artigo 18.º, n°s 1 e 2);
- o princípio da proporcionalidade (artigo 18.º, n.º 2, entre outros);
- a garantia de setores cooperativo e privado na economia (artigos 84.º e 85.º);
- a consagração de princípios gerais de Direito eleitoral (artigo 113.º);
- a institucionalidade dos partidos políticos e do direito de oposição democrática (artigo 114.º);
- a independência dos tribunais e a sua sujeição apenas à lei (artigo 204.º);
- o desenvolvimento da fiscalização da constitucionalidade (artigos 277.º e segs.)[1].

Este entendimento esteve, porém, longe de ser o único aduzido.

2. Com efeito, se a Constituição trouxe a estabilização política segundo um modelo institucional idêntico ou análogo ao das democracias ocidentais, a sua entrada em vigor não significou o apaziguamento ou o consenso constitucional no país. Pelo contrário, desde o início, o debate à volta da Constituição assumiu um relevo inédito, por vezes

[1] V., sobretudo, *A Constituição de 1976 – Formação, estrutura, princípios fundamentais*, Lisboa, 1978.

excessivo e, em 1980, quase dramático. Nem isso surpreende a quem evoque o paralelo com outras épocas da nossa história contemporânea e, mais de perto com as vicissitudes e as sucessivas atitudes políticas que acompanharam a feitura da Constituição[2].

Esse debate centrou-se sobre aspetos globais da obra constitucional: sobre o sentido normativo fundamental da Constituição, e em especial da Constituição económica[3]; sobre o seu caráter definitivo ou transitório; sobre os limites materiais de revisão constitucional; e sobre o modo de fazer a primeira revisão.

3. Quanto ao sentido fundamental da Constituição, desenharam-se quatro posições.

Para uns, o que haveria a realçar na Constituição seria o socialismo (ou a transição para o socialismo), o rumo para uma sociedade sem classes, o poder democrático das classes trabalhadoras, o controlo de gestão, a apropriação coletiva, a eliminação dos monopólios e dos latifúndios, as nacionalizações, o plano, a reforma agrária, as organizações populares de base[4].

Para outros, seria também o socialismo e, mais do que o socialismo, o caráter marxista[5] e a ditadura do proletariado[6]; mas, exatamente por isso, pronunciavam-se contra o texto de 1976.

Uma terceira leitura da Constituição, reconhecendo nela tanto um elemento democrático quanto um elemento socialista, afirmava-os incompatíveis (senão por princípio, pelo menos pelo modo como se

[2] Cfr. *Manual de Direito Constitucional*, I, 2, 10.ª ed., Coimbra, 2014, págs. 211 e segs.

[3] Principalmente na perspetiva da adesão às Comunidades Europeias.

[4] Assim, Luís Carvalho Oliveira, *A Constituição: alguns conceitos fundamentais*, Lisboa, 1976, e a orientação geral da revista *Fronteira*, editada no Porto, durante alguns anos, pela "Cooperativa de Defesa da Constituição".

[5] Marcello Caetano, *Constituições portuguesas*, 4.ª ed., Lisboa, 1978, pág. 140.

[6] Pedro Soares Martinez, *Comentários à Constituição portuguesa de 1976*, Lisboa, 1978, *maxime* pág. 14.

disporiam ou sobreporiam, sem coordenação, no articulado constitucional). A Constituição seria internamente contraditória e, na prática, ou não poderia funcionar ou poderia conduzir a qualquer tipo de solução política e económica[7].

Uma quarta maneira de ver era a dos que encontravam na Constituição igualmente esses elementos – a democracia ou a democracia política, pluralista e representativa, e o socialismo ou a democracia económica, social e cultural – como frutos de um determinado compromisso político e os procuravam interpretar e integrar sistematicamente através dos processos próprios do trabalho jurídico. Mas ainda aqui podiam distinguir-se cambiantes[8].

Foi sempre esta última posição a que sempre defendi, apoiando-me no ponto firme que era e é a legitimidade democrática da Constituição. E foi ela que constantemente veio a ser adotada pela Comissão Constitucional.

4. A Constituição não fala em "período de transição"[9]. No entanto, por a Plataforma de Acordo Constitucional entre o Conselho da Revolução e os partidos políticos de 26 de fevereiro de 1976 ter sido

[7] Foi a tese sustentada por Manuel de Lucena, *O Estado da Revolução;* mais mitigadamente, por André Gonçalves Pereira, *Da revisão constitucional ao "compromisso impossível"*, in *Expresso* de 19 de Janeiro de 1980; e, mesmo após 1982, por Rui Machete, *Os princípios estruturantes da Constituição e a próxima revisão constitucional*, in *Revista de Direito e Estudos Sociais*, 1987, págs. 346, 357, 359 e 360, e, em termos radicais, por Francisco Lucas Pires, *Teoria da Constituição de 1976*, cit., *maxime* págs. 132 e segs., 184 e segs., 292 e segs. e 388.

[8] Cfr., acentuando mais o elemento socialista, J. J. Gomes Canotilho e Vital Moreira, *op. cit.*, 1.ª ed., *maxime* págs. 8, 50 e segs. e 189 e segs.; ou, inversamente, tendo-o por não cogente, António de Sousa Franco, *Sistema financeiro e Constituição financeira no texto constitucional de 1976*, in *Estudos sobre a Constituição*, obra coletiva, III, págs. 567 e segs.

[9] E ao contrário do primeiro texto preparado pela 5.ª comissão da Assembleia Constituinte, em correspondência com a 1.ª Plataforma, de 13 de abril de 1975 (artigo 2.º, n.º 1).

fonte imediata da parte III e da parte IV e por a Constituição prever um regime da primeira revisão diferente do das revisões ulteriores (menos difícil), estar-se-ia diante de uma Constituição transitória[10], diante de uma Constituição destinada a vigorar por um período curto até essa primeira revisão ou novação constitucional.

Doutro prisma, a Constituição seria transitória, por incindível da transição para o socialismo a que ela própria se referia; seria uma Constituição para a transição para o socialismo e, logo que este objetivo estivesse alcançado, haveria de ser substituída por outra, determinada pelas relações sociais de produção que então viessem a prevalecer[11].

Estas opiniões não eram suficientemente fundadas.

Por um lado, o ter sido a Plataforma uma das fontes da Constituição e o falar em "período de transição" só poderia implicar (como veio a implicar) uma consequência: a extinção do Conselho da Revolução na primeira revisão constitucional (correspondente ou subsequente ao período dito de transição). E essa consequência apenas prova (e provou) que a Constituição continha em si um princípio definitivo, o princípio democrático, em relação ao qual o Conselho da Revolução representava um desvio.

Por outro lado, regras específicas da primeira revisão eram a exigência de maioria de dois terços dos Deputados presentes, desde que superior à maioria absoluta dos Deputados em efetividade de funções (artigo 286.º, n.º 1), em vez de maioria de dois terços dos Deputados em efetividade de funções (artigo 287.º, n.º 3); e a aproximada coincidência da atribuição à Assembleia da República de poderes de

[10] André Thomashausen, *Constituição e realidade constitucional*, in *Revista da Ordem dos Advogados*, 1977, págs. 473 e segs.

[11] Divisa-se aqui um direto afloramento das conceções estalinistas da Constituição-balanço e Constituição-programa. Mas não foram só setores identificados com tais conceções que se serviram do argumento.

revisão com os termos da primeira legislatura e do primeiro mandato presidencial (artigos 286.º, n.º 1, 299.º, n.º 1, e 296.º). Mas estas regras justificavam-se por a primeira fase de vigência de qualquer Lei Fundamental equivaler a um tempo de experimentação e por a extinção do Conselho da Revolução exigir a reponderação do sistema de governo. Não permitiam concluir que se fosse passar de uma Constituição a outra[12].

Quanto à "transição para o socialismo" tão pouco ela conferia à Constituição índole transitória, apenas lhe conferia (parcialmente) caráter programático. A transição não era exterior à Constituição formal e alterações de preceitos que viessem a ocorrer, por virtude disso, não afetariam a Constituição material[13].

5. Tanto a Constituição não era transitória que enumerava explícitos limites materiais da revisão constitucional – quer dizer, princípios substantivos que deviam ser respeitados em ulterior modificação do seu texto. E à volta do preceito a eles referente (o artigo 290.º) uma larga polémica doutrinal (e política) se estabeleceu.

O lugar indicado para analisar o problema, extremamente complexo, não pode ser, porém, este[14]. Por agora apenas se diga que cláusulas de limites materiais encontram-se em várias Constituições (como na nossa de 1911, no seu artigo 82.º, § 2.4, a respeito da forma republicana de governo); o que distingue a Constituição de 1976 é prever um copioso elenco, abrangendo também princípios da organização económica.

[12] Significativo é ainda o facto de a matéria da revisão constitucional, que no parecer da Comissão de Sistematização da Constituinte era colocada em "Disposições finais e transitórias" (v. *Diário*, n.º 13, pág. 272), no fim ter ficado a constituir o título I da parte IV «Garantia e Revisão da Constituição».

[13] Para maior desenvolvimento deste assunto, v. *A Constituição de 1976*, cit., págs. 215 e segs.

[14] V. *Teoria da Constituição*, Coimbra, 2020, págs. 198 e segs.

6. Portugal pôde ratificar, dois anos depois da aprovação da Constituição, a Convenção Europeia dos Direitos do Homem e os seus Protocolos Adicionais.

Mais tarde, aderiu ou ratificou numerosos tratados internacionais de proteção da pessoa humana; ingressaria nas Comunidades Europeias, antecessoras da União Europeia; ratificaria o Tratado institutivo do Tribunal Penal Internacional.

A Constituição portuguesa influenciaria, em alguns pontos, as Constituições espanhola de 1978 e brasileira de 1988 e pode considerar-se largamente fonte das Constituições de Cabo Verde, da Guiné-Bissau, de São Tomé e Príncipe, de Angola e de Moçambique, ocorrida nesses países a democratização dos anos noventa, tal como seria fonte principal da Constituição de Timor independente.

7. O modo como se deveria fazer a primeira revisão constitucional foi, de todas as questões, a mais agitada. A despeito de a Constituição se ocupar *ex professo* do assunto, cometendo tal poder à Assembleia da República [artigos 164.º, alínea *a)*, 169.º, n.º 1, e 286.º e segs.], houve quem invocasse a possibilidade ou a necessidade de recorrer ao povo através de referendo; foram apresentados um projeto de lei e uma proposta de lei de autorização legislativa tendentes à organização do referendo[15]; e a campanha eleitoral relativa à eleição presidencial em 1980 teve-o como tema primacial.

[15] V. *Diário da Assembleia da República*, I legislatura, 4.ª sessão legislativa, 2.ª série, n.os 69 e 74, págs. 1140 e segs. e 1284 e segs., respetivamente; cfr. as impugnações que lhes foram dirigidas, *ibidem*, n.os 71 e 76, págs. 1214 (2) e 1312.

O referendo serviria para resolver o problema dos limites materiais da revisão constitucional, pois só o povo, titular da soberania, os poderia ultrapassar; ou para vencer o bloqueamento ideológico que a Constituição traria consigo; ou para eliminar a regra da maioria qualificada de dois terços para a aprovação de alterações à Constituição; ou ainda, na hipótese de não se formar na Assembleia da República a maioria qualificada exigida no artigo 286.º, para viabilizar a própria revisão.

Sendo, embora, diversas as funções esperadas do referendo, era comum a fundamentação: o princípio democrático – por o povo, por direito natural (segundo alguns), estar acima da Constituição e esta mesma apelar para a participação direta e ativa dos cidadãos na vida pública (artigos 48.º e 112.º).

Mas a fraqueza jurídica dos argumentos era notória, à face dos cânones gerais de interpretação e das regras básicas do constitucionalismo ocidental (em que todo o poder público tem de estar previsto e contido em regras jurídicas e em que prevalecem os mecanismos representativos[16] e pluralistas).

No fundo o que estava em causa era ainda a oposição à Constituição; era, não já um processo para a modificar – o que pressupunha a aceitação das suas regras – mas um processo para a substituir; era saber se deveria ou não dar-se, e de que forma, rutura da ordem constitucional de 1976.

8. Os resultados da eleição presidencial de Dezembro de 1980 resolveram este problema no sentido da inadmissibilidade do referendo

[16] V., por todos, o colóquio sobre revisão constitucional em que intervieram Francisco Lucas Pires, António Barbosa de Melo, José Miguel Júdice e Marcelo Rebelo de Sousa, in *Democracia e Liberdade*, n.º 16, Novembro de 1980, págs. 9 e segs.

(com risco de degenerar em plebiscito, na pior aceção do termo) e do respeito das regras constitucionais sobre revisão[17].

9. A primeira revisão constitucional, em 1981 e 1982, efetuar-se-ia, pois, no respeito pela Constituição, em ambiente de participação. E extinto o Conselho da Revolução, os militares, pela primeira vez desde 1822, deixaram de intervir na vida política.

As revisões constitucionais subsequentes continuariam nessa linha.

Assim como um papel importante seria desempenhado pela jurisprudência, primeiro da Comissão Constitucional, de 1976 a 1980 e, depois, pelo Tribunal Constitucional, semelhante aos de vários países europeus, e posto a funcionar em 1982.

[17] Do mesmo modo que, em todas as eleições realizadas desde 1976, nunca o partido cujos deputados votaram contra a Constituição obteve maioria; ficou sempre abaixo dos 18%.

B) Sentido do presente texto

10. Uma Constituição que vigora por um período relativamente longo vai-se *realizando* por meio da sua própria aplicação, com interpretação atenta à sua unidade sistemática e à sua necessária efetividade, com costume *secundum, praeter* e *contra legem*, com a caducidade de preceitos conjunturais – a que se vai aludir de seguida – e fora da realidade constitucional, com a reforma adequada a cada momento.

Sem dúvida, houve (como, de resto, em qualquer país) um desenvolvimento constitucional. Mas os resultados a que se chegou achavam-se já pressupostos nos princípios fundamentais originariamente delineados. Um desenvolvimento constitucional a par do enraizamento na consciência cívica coletiva, não uma rutura ou uma transfiguração.

11. Honro-me de ter sido Deputado à Assembleia Constituinte e de ter votado a favor da Constituição na votação final global.

No entanto, nunca a sacralizei, nem a considerei não carecida de melhorias. Por três vezes já publiquei projetos nesse sentido: *Um projecto de revisão constitucional*, Braga, 1975; *Ideias para uma revisão constitucional em 1996*, Lisboa, 1996; *Na hipótese de outra revisão constitucional*, in *Estudos em homenagem ao Prof. Doutor Sérvulo Correia*, obra coletiva, Coimbra, 2010.

12. E nessa linha e, de certo modo também como contributo para a comemoração dos seus quarenta e cinco anos, venho agora apresentar diversas propostas ou sugestões de alterações constitucionais.

13. As ideias mestras que me animam podem sintetizar-se assim:

1) Clarificação e reforço de alguns dos direitos fundamentais

2) Referência ao desenvolvimento sustentável no artigo sobre tarefas fundamentais do Estado;
3) Reforço do ensino da língua portuguesa;
4) Maior relevância da proteção do ambiente;
5) Alusão a atividade florestal e a atividade marítima;
6) Por coerência com o princípio democrático, o tratamento dos princípios gerais sobre eleições e sobre referendo antes do tratamento dos órgãos de soberania;
7) Correção e reorganização sistemática dos títulos sobre os tribunais, as autarquias locais e a Administração pública;
8) Reforço do sistema de garantia da Constituição;
9) Eliminação do texto das expressões e das normas caducas (referência a "abrir caminho para uma sociedade socialista, no respeito da vontade do Povo português" no Preâmbulo e artigos 7.º, n.º 2, 2.ª parte; 7.º, n.º 3; 87.º; 279.º, n.º 2, 2.ª parte e 292.º a 295.º)[18].

14. Donde, em especial, com mais relevância:

- Por força do princípio da constitucionalidade, a substituição, em vários artigos, de "legalidade democrática" por "ordem constitucional democrática";
- A explicitação do Estado como Estado unitário regional;
- A promoção do "desenvolvimento sustentável" entre as tarefas fundamentais do Estado;
- A consagração da possibilidade de ensino religioso nas escolas públicas, quando ministrado pelas diversas confissões a quem o solicite;

[18] V. a justificação in *Teoria da Constituição,* cit., págs. 335 e segs.

- As garantias de defesa dos trabalhadores em processo disciplinar;
- A incumbência do Estado de assegurar também o acesso à medicina paliativa e reprodutiva;
- A complementaridade do ensino público e dos ensinos particular e cooperativo, de harmonia com os princípios da liberdade e da qualidade e com regime adequado de fiscalização;
- A transformação do Conselho Económico e Social em Conselho Económico, Social e Ambiental;
- A inalterabilidade das regras eleitorais no ano anterior à eleição;
- A admissibilidade de coligações de candidaturas para os órgãos colegiais;
- O alargamento do âmbito do referendo;
- Regras mais severas sobre incompatibilidades dos titulares de cargos políticos;
- A vedação de um titular de cargo político exercê-lo por mais de dez anos e nos cinco anos subsequentes a esse período;
- A atribuição ao Presidente da República do poder de nomear dois juízes do Tribunal Constitucional, passando a Assembleia da República a eleger oito e não dez;
- A fixação de que o sentido das votações na Assembleia da República cabe aos grupos parlamentares;
- O princípio da unidade dos tribunais e da unidade da magistratura, com um só Conselho Superior Judiciário;
- Regras mais severas sobre incompatibilidades dos juízes;
- A prescrição de que os juízes do Tribunal designados pelo Presidente da República e os cooptados sejam juízes dos Supremos Tribunais e de que os eleitos pela Assembleia da República não possam ser juízes, nem magistrados do Ministério Público em efetividade de funções;

- A acentuação do caráter supramunicipal das regiões administrativas;
- O recurso para o Tribunal Constitucional de decisões dos Tribunais Supremos arguidas de violação de direitos, liberdades e garantias ou de direitos de natureza análoga;
- A consideração da desconformidade de normas internas com normas de Direito internacional;
- A fiscalização concreta da inconstitucionalidade por omissão.

15. Tenho plena consciência de que os graves problemas com que Portugal se debate se encontram à margem da Constituição. Não lhes quero fugir – encontro-me há longos anos afastado do contraditório político-partidário, embora com as mesmas profundas convicções de sempre.

Apesar disso, como académico empenhado em muito estudo do Direito constitucional português e comparado, julgo-me legitimado a deixar o presente contributo, para hoje e para amanhã, com vista a aperfeiçoar a Constituição e, aperfeiçoando-a, a fazê-la cada vez mais viva e efetiva.

Espero que a ser lido, ele seja discutido com a mesma serenidade com que foi pensado e redigido.

C) A dignidade da pessoa humana, fundamento da República

16. Por circunstâncias históricas de vária índole, a ligação jurídico-positiva entre direitos fundamentais e dignidade da pessoa humana só começa com os grandes textos internacionais e as Constituições subsequentes à segunda guerra mundial[19].

Surge na Carta das Nações Unidas (no preâmbulo); na Declaração Universal, ao afirmar-se que "o desconhecimento e o desprezo dos direitos do homem" tinham conduzido "a atos de barbárie que revoltaram a consciência da Humanidade e que o reconhecimento da dignidade inerente a todos os membros da família humana e dos seus direitos iguais e inalienáveis constitui o fundamento da liberdade, da justiça e da paz no mundo" (preâmbulo); nos Pactos Internacionais de Direitos Económicos, Sociais e Culturais e dos Direitos Civis e Políticos (também nos preâmbulos); ou na Carta de Direitos Fundamentais da União Europeia (preâmbulo e artigo 1.º).

Surge em resposta "aos regimes que tentaram sujeitar e degradar a pessoa humana" (preâmbulo da Constituição francesa de 1946) e quando se proclama que "a dignidade da pessoa humana é sagrada" (artigo 1.º da Constituição alemã de 1949). E vai constar depois das Constituições mais recentes.

17. Não foi, porém, nessa esteira das Constituições do segundo pós-guerra que a Constituição do regime autoritário de 1933 introduziu, na revisão constitucional de 1951, a expressão "dignidade humana" ao acrescentar ao artigo 6.º, como uma das incumbências do Estado "zelar pela melhoria das condições das classes sociais mais desfavorecidas, procurando assegurar-lhes um nível de vida compatível com a *dignidade humana*" (n.º 3); e a revisão de 1945 iria consagrar

[19] *Direitos fundamentais*, 3.ª ed., Coimbra, 2020, págs. 225 e segs.

a "dignidade das pessoas" como limite à liberdade dos cultos (artigo 45.º). Apesar de representar um progresso, parecia prevalecer aí uma linha principalmente assistencialista e paternalista.

Bem diferente viria a ser a Constituição atual, ao declarar logo no artigo 1.º, a República "*baseada na dignidade da pessoa humana*". Ao dizer que "todos os cidadãos têm a mesma *dignidade social* e são iguais perante a lei" e ao reiterá-lo no artigo 26.º, n.º 2: "A lei estabelecerá garantias efetivas contra a utilização abusiva ou contrária à *dignidade humana*, de informações relativas às pessoas e famílias". No artigo 26.º, n.º 3: "A lei garantirá a *dignidade pessoal* e a identidade genética do ser humano...". No artigo 59.º, n.º 1, alínea *b)*: "Todos os trabalhadores, sem distinção de idade, sexo, raça, cidadania, território de origem, religião, convicções políticas ou ideológicas, têm direito: (...) *b)* À organização do trabalho em *condições socialmente dignificantes*, de forma a facultar a realização pessoal e a permitir a conciliação da actividade profissional com a vida familiar". No artigo 67.º, n.º 2, alínea *e)*: "Incumbe, designadamente, ao Estado para protecção da família: (...) *b)* Regulamentar a procriação assistida, em termos que salvaguardem a *dignidade da pessoa humana*". Ou no artigo 206.º, ao admitir limites à audiência dos tribunais para *salvaguarda da dignidade das pessoas.*

18. A Constituição confere uma unidade de sentido, de valor e de concordância prática ao sistema de direitos fundamentais. E ela repousa na dignidade da pessoa humana, ou seja, na conceção que faz da pessoa fundamento e fim da sociedade e do Estado.

Pelo menos, de modo direto e evidente, os direitos, liberdades e garantias pessoais e os direitos económicos sociais e culturais comuns têm a sua fonte ética na dignidade da pessoa, de *todas as pessoas*. No entanto, os demais direitos, ainda quando projetados em instituições, remontam também à ideia de proteção e desenvolvimento das pessoas. A copiosa extensão do elenco não deve fazer perder de vista esse referencial.

Por outro lado, o princípio da participação democrática na vida coletiva – quer enquanto subjetivado em direitos individuais, os direitos políticos (artigos 48.º e segs.), quer enquanto elevado a um dos objetivos da educação (artigo 73.º, n.º 2), quer enquanto princípio estruturador da organização económica no tocante aos trabalhadores, aos empreendedores e aos consumidores [artigos 80.º, alínea *g*), e 60.º, n.º 3], quer, finalmente, enquanto condição do sistema democrático (artigo 109.º) – alicerça-se no respeito e na garantia dos direitos e liberdades fundamentais (artigos 2.º e 9.º). Não se prevê a participação pela participação; prevê-se e promove-se como expoente da realização das pessoas.

Para além da unidade do sistema, o que conta é a unidade da pessoa. A conjugação dos diferentes direitos e das normas constitucionais, legais e internacionais a eles atinentes torna-se mais clara a essa luz assim como o caráter inalienável e imprescindível dos direitos fundamentais.

O "homem situado" do mundo plural, conflitual e em acelerada mutação do nosso tempo encontra-se muitas vezes dividido por interesses, solidariedades e desafios discrepantes; só na consciência da sua dignidade pessoal retoma unidade de vida e de destino.

Enfim, a jusfundamentalidade como critério para a admissibilidade de outros direitos afora os inseridos no texto constitucional (artigo 16.º, n.º 1) pode ainda associar-se à ideia de respeito pela dignidade da pessoa humana.

19. O artigo 1.º da Declaração Universal precisa e explicita a conceção de pessoa da Constituição, recolhendo as inspirações de diversas filosofias e, particularmente, de diversas correntes jusnaturalistas: "Todos os seres humanos nascem livres e iguais em dignidade e em

direitos. Dotados de razão e de consciência devem agir uns para com os outros em espírito de fraternidade".

Dotados de razão e de consciência – eis o denominador comum a todos os homens e mulheres em que consiste essa igualdade. *Dotados de razão e consciência* – eis o que, para além das diferenciações geográficas, económicas, culturais e sociais, justifica o reconhecimento, a garantia e a promoção dos direitos fundamentais. *Dotados de razão e de consciência* – eis por que os direitos fundamentais, ou os que estão no seu cerne, não podem desprender-se da consciência jurídica das pessoas e dos povos.

Devem agir uns para com os outros em espírito de fraternidade – eis o horizonte de esperança aberto ou proposto a todos os seres humanos.

D) O Estado de Direito democrático

20. Não basta enumerar, definir, explicitar, assegurar só por si direitos fundamentais; é necessário que a organização do poder político e toda a organização constitucional estejam orientados para a sua garantia e a sua promoção. Assim como não basta afirmar o princípio democrático e procurar a coincidência entre a vontade política do Estado e a vontade popular em qualquer momento; é necessário estabelecer um quadro institucional em que esta vontade se forme em liberdade e em que cada cidadão tenha a segurança da previsibilidade do futuro[20].

Em suma: é necessário que se não verifique incompatibilidade entre o elemento subjetivo e o elemento objetivo da Constituição; que os direitos fundamentais tenham um quadro institucional de desenvolvimento; que (na linha que, afinal, remonta a MONTESQUIEU) a garantia da liberdade se faça através da divisão do poder. A síntese destes princípios, o modelo ou a ideia em que se traduzem vem a ser o Estado de Direito.

Estado de Direito não equivale a Estado sujeito ao Direito, porque não há Estado sem sujeição ao Direito no duplo sentido de Estado que age segundo processos jurídicos e que realiza uma ideia de Direito, seja ela qual for. Estado de Direito só existe quando esses processos se encontram diferenciados por diversos órgãos, de harmonia com um princípio de divisão do poder, e quando o Estado aceita a sua subordinação a critérios materiais que o transcendem; só existe quando se dá limitação material do poder político; e esta equivale a salvaguarda dos direitos fundamentais da pessoa humana.

Citando de novo uma fórmula lapidar da Declaração Universal (do seu preâmbulo): "É essencial a proteção dos direitos do homem

[20] *Direitos fundamentais*, cit., págs. 257 e segs.

através de um *regime de direito* para que o homem não seja compelido, em supremo recurso, à revolta contra a tirania e a opressão".

Há elementos inerentes ao Estado de Direito que antecedem a formulação da ideia e até o constitucionalismo moderno, porque são essenciais à civilização jurídica (ou a *qualquer* civilização jurídica); a publicidade das leis, a sujeição dos governantes às leis em vigor enquanto não sejam modificadas, a imparcialidade dos tribunais, a salvaguarda dos casos julgados.

Mas o artigo 16.º da Declaração de Direitos do Homem e do Cidadão identificaria os direitos individuais e a separação dos poderes com o cerne da Constituição e seria a partir daí que se desenvolveria o Estado de Direito ao longo do século XIX: a segurança como base da Constituição a par da liberdade e da propriedade (assim, entre nós, logo o artigo 1.º do texto de 1822), as garantias da liberdade e da segurança pessoal, a não retroatividade das leis, ou, pelo menos, das leis penais incriminadoras, o primado da lei e o princípio da legalidade da Administração, a ressalva dos atos administrativos constitutivos de direitos, a independência dos tribunais.

A seguir à segunda guerra mundial surgiria aquilo a que se tem chamado *Estado de Direito material*, contraposto ao *Estado de Direito formal* do positivismo jurídico. Um Estado de direitos fundamentais e orientado para a justiça, em que avultam o princípio da constitucionalidade e a fiscalização jurisdicional da constitucionalidade dos atos do poder, a consideração dos direitos fundamentais nos termos da Constituição e não nos termos da lei, o caráter restritivo das restrições a direitos fundamentais, os princípios da proporcionalidade, da tutela da confiança e da tutela jurisdicional efetiva, a reserva (absoluta) de jurisdição dos tribunais, a obrigatoriedade de execução das sentenças dos tribunais administrativos, a responsabilidade civil do Estado por danos causados pelos seus órgãos e agentes.

Como as coordenadas do Estado de Direito se desenvolvem todas segundo a linha dos direitos fundamentais, ele agora desenvolve-se a par do Estado social.

21. No caso português, se muitos dos elementos acabados de indicar aparecem, sob feições e em graus variáveis, ao longo das sucessivas Constituições, certo é que, em nenhuma, elas os ressaltam de uma forma tão clara e tão completa quanto na Constituição de 1976.

Para isso terão contribuído, por um lado, as deficiências e insuficiências manifestadas pela Constituição de 1933 e, sobretudo, a denúncia das perversões na sua aplicação prática, bem como, por outro lado, depois de 25 de abril de 1974, a resistência a graves desvios verificados em 1974 e 1975 e a necessidade de evitar a sua repetição. Terão concorrido ainda a convicção, que subsistiu sobretudo entre os advogados, dos princípios do Estado de Direito e, embora menos, o ensino e a investigação nas Universidades.

O texto inicial da Constituição procurou ser, pois, extremamente minucioso e cuidadoso no domínio dos direitos fundamentais e na organização do poder – não obstante só falar em Estado de Direito, em Estado de Direito democrático no preâmbulo e encerrar algumas normas controversas à sua luz. A revisão constitucional de 1982, por seu turno, definiu o regime político como Estado de Direito democrático (artigo 2.º), alargou ainda mais o quadro dos direitos, liberdades e garantias e os mecanismos de fiscalização e criou um Tribunal Constitucional. Enfim, as revisões de 1989 e de 1997 persistiram nessa linha, com especial incidência nos direitos dos administrados[21].

À face do texto inicial da Constituição chegou a ser contestada a qualificação do Estado português como Estado de Direito, nomeadamente, por causa da atribuição ao Conselho da Revolução da

[21] V. os Autores indicados in *Fiscalização da constitucionalidade*, Coimbra, 2017, pág. 20.

competência para declarar a inconstitucionalidade de normas jurídicas com força obrigatória geral (artigo 281.º), da subsistência da Lei n.º 8/75, de 25 de julho (artigo 309.º), e da constitucionalização do Decreto-Lei n.º 621-B/74, de 15 de novembro (artigo 308.º).

Todavia, apesar de conter essas normas e de a aplicação retroativa de sanções criminais cominadas pela Lei n.º 8/75 ser, como sempre sustentei, indiscutivelmente violadora de princípios do Estado de Direito[22], tal não era suficiente para inquinar a qualificação. Não só as referidas normas apareciam com alcance e duração limitados como eram amplamente compensadas – se é lícito pensar em compensação nesta matéria – por importantíssimos avanços na consagração dos direitos fundamentais e no reforço dos meios jurisdicionais de garantia.

Entre os progressos no sentido do Estado de Direito (muitos deles desconhecidos da generalidade das Constituições e dos instrumentos internacionais de proteção dos direitos do homem) trazidos logo em 1976 avultavam (frisando, de novo, alguns pontos já aflorados atrás) os princípios sobre a força jurídica dos direitos, liberdades e garantias (artigo 18.º) e o regime da sua suspensão (artigo 19.º), os limites materiais e a jurisdicionalização da extradição (artigo 23.º, n.º 4; hoje artigo 33.º, n.os 3 a 6), as garantias de direito e processo penais (artigos 27.º e segs.), a definição do conteúdo do *habeas corpus* (artigo 31.º), as garantias relativas à utilização da informática (artigo 35.º), o direito à objeção de consciência (artigos 41.º, n.º 5, e 276.º, n.º 3), a interdição dos despedimentos sem justa causa ou por motivos políticos ou ideológicos [artigo 52.º, alínea *b)*; hoje artigo 53.º], a afirmação dos tribunais administrativos como verdadeiros tribunais (artigo 212.º), valendo para eles os princípios gerais sobre a execução das sentenças (artigo 210.º, n.º 2; hoje artigo 205.º, n.º 3), a consagração do Conselho Superior da Magistratura como órgão constitucional

[22] Como sempre entendi: v. *A Constituição de 1976*, cit., págs. 481 e segs., e *Manual...*, VI, 4.ª ed., Coimbra, 2013, págs. 21-22.

(artigo 223.º; hoje artigo 218.º), o princípio da imparcialidade da Administração (artigos 267.º, n.º 2; hoje 266.º, n.º 2), os princípios e regras sobre polícia (artigo 272.º), a inexistência de garantia administrativa (artigo 271.º, n.º 1).

22. Reportando-nos à Constituição, no articulado atual, firmam o Estado de Direito:

a) O sentido restritivo das restrições a direitos, liberdades e garantias (artigo 18.º, n.os 2 e 3);

b) Os princípios da segurança jurídica (artigos 18.º, n.º 3, 32.º, n.º 9, 102.º, n.º 3, 266.º, n.º 2, 280.º, n.º 3, e 282.º, n.º 4), da proporcionalidade (artigos 18.º, n.º 2, 19.º, n.os 4 e 8, 30.º, n.º 5, 50.º, n.º 3, 65.º, n.º 4, 266.º, n.º 2, 267.º, n.º 4, 270.º e 272.º, n.º 2) e da tutela jurisdicional efetiva dos direitos (artigos 20.º e 268.º, n.os 4 e 5);

c) O princípio de separação e interdependência dos órgãos de poder [artigos 2.º, 112.º, n.º 1, e 288.º, alínea *j)*]; a distribuição de competências entre os órgãos governativos tendo em vista não apenas a prática de atos próprios mas também o exercício de funções de fiscalização recíproca (entre outros, artigos 133.º, 134.º, 135.º, 136.º, 161.º, 162.º, 195.º, 231.º e 233.º); a competência legislativa genérica da Assembleia da República [artigo 161.º, alínea *d)*] e reservada, nomeadamente sobre direitos, liberdades e garantias, direito e processo penais, tribunais e magistratura (artigos 164.º e 165.º); a proibição de dissolução da Assembleia da República e de atos de revisão constitucional na vigência de estado de sítio ou de emergência (artigos 172.º, n.º 1, e 289.º) e a obediência das Forças Armadas aos órgãos competentes nos termos da Constituição e da lei (artigo 275.º, n.º 3);

d) A reserva aos tribunais da função jurisdicional, visto que eles são "os órgãos de soberania com competência para administrar a justiça em nome do povo" (artigo 202.º)[23], e, assim, cabe-lhes defender os direitos e interesses legalmente protegidos dos cidadãos, reprimir a violação da legalidade democrática e dirimir os conflitos de interesses públicos e privados (artigo 202.º e ainda artigos 20.º, n.º 1, e 113.º, n.º 7); a independência dos tribunais [artigos 203.º e 288.º, alínea *m)*] e a obrigatoriedade das suas decisões para todas as entidades públicas e privadas (artigo 205.º, n.º 2); e a competência reservada dos tribunais judiciais, salvo em tempo de guerra a dos tribunais militares, para aplicar a lei criminal (artigos 27.º, n.º 2, 28.º, n.os 1 e 3, 30.º, n.º 2, 31.º, n.º 1, e 212.º); a proibição de tribunais com competência exclusiva para o julgamento de certas categorias de crimes (artigo 209.º, n.º 4); a inamovibilidade, a irresponsabilidade e as demais garantias dos juízes (artigos 216.º);

e) O exercício do poder político, a nível do Estado, das regiões autónomas e do poder local, com sujeição à Constituição [artigo 3.º, n.º 2 – inicial 115.º – e artigos 10.º, n.º 1, 108.º, 110.º, n.º 2, 111.º, n.º 1, 114.º, n.º 2, 223.º, n.º 2, alínea *f)*, 225.º, n.º 3, 227.º, n.º 1, alíneas *a)* e *b)*, 234.º, n.º 1, e 241.º], dependendo a validade dos seus atos da conformidade com a Constituição (artigo 3.º, n.º 3); o poder de apreciação pelos tribunais da existência de inconstitucionalidade nos feitos submetidos a julgamento (artigo 204.º); a competência de declaração de inconstitucionalidade com força obrigatória geral pelo Tribunal Constitucional (artigo 281.º); o direito de resistência a ordens que ofendam os direitos, liberdades e garantias

[23] Cfr. acórdão n.º 41 da Comissão Constitucional, de 9 de novembro de 1977, in apêndice ao *Diário da República* de 30 de dezembro de 1977.

(artigo 21.º), o direito de não pagar impostos que não tenham sido criados nos termos da Constituição (artigo 103.º, n.º 3) e o direito de petição para defesa da Constituição (artigo 52.º, n.º 1); a fiscalização de inconstitucionalidade por ação ou por omissão de normas jurídicas como limite material da revisão constitucional [artigo 288.º, alínea *l*)];

f) A subordinação dos órgãos e agentes administrativos à Constituição e à lei com respeito pelos princípios da igualdade, da proporcionalidade, da justiça, da imparcialidade e da boa-fé (artigo 266.º, n.º 2); os direitos e garantias dos administrados, designadamente a necessidade de fundamentação expressa dos atos que afetem direitos ou interesses legalmente protegidos (artigo 268.º, n.º 3) e a garantia do acesso à justiça administrativa (artigo 268.º, n.ºs 4 a 5); a observância das regras gerais sobre polícia e o respeito dos direitos, liberdades e garantias na prevenção dos crimes, incluindo a dos crimes contra a segurança do Estado (artigo 272.º, n.º 3);

g) A responsabilidade civil do Estado e das demais entidades públicas, em forma solidária com os titulares dos seus órgãos, funcionários ou agentes, por ações ou omissões praticadas no exercício das suas funções e por causa desse exercício, de que resulte violação dos direitos, liberdades e garantias ou prejuízo para outrem (artigo 22.º); em especial, o dever de indemnizar o lesado, em caso de privação de liberdade contra o disposto na Constituição e na lei (artigo 27.º, n.º 5) e de condenação criminal injusta (artigo 29.º, n.º 6); a responsabilidade civil e criminal dos titulares de cargos políticos (artigos 117.º, 130.º e 196.º); a responsabilidade civil, criminal e disciplinar dos funcionários e agentes pelas suas ações ou omissões de que resulte violação dos direitos ou de interesses legalmente protegidos dos cidadãos, não dependendo a ação ou procedimento, em qualquer fase, de autorização hierárquica (artigo 271.º, n.º 1)[24].

23. Além destas regras a jurisprudência formulou outras, deduzidas da própria ideia ou do conteúdo do Estado de Direito, tais como:

- A extensão ao ilícito de mera ordenação social e às sanções disciplinares, inclusive em Direito do trabalho, do princípio da proporcionalidade e mesmo de alguns dos princípios fundamentais de Direito criminal (*v. g.*, *nulla poena sine lege*) e das garantias essenciais de defesa;
- A aplicação judicial das medidas de reeducação privativas da liberdade;
- Os princípios da igualdade processual das partes e do contraditório;
- A proibição de lei retroativa – para lá de lei restritiva de direitos, liberdades e garantias (artigo 18.º, n.º 3), de lei penal incriminadora (artigo 29.º, n.º 2) e de lei definidora de competência do tribunal (artigo 32.º, n.º 9) – que viole de forma intolerável a segurança jurídica e a confiança das pessoas, designadamente de lei tributária retroativa nessas condições;
- A inadmissibilidade de privação retroativa do direito de interposição de recurso de decisões judiciais;
- O princípio da publicidade dos atos.

[24] Cfr. J. J. Gomes Canotilho, *Direito Constitucional e Teoria da Constituição*, 7.ª ed., Coimbra, 2004, págs. 243 e segs.; Jorge Reis Novais, *Os princípios constitucionais estruturantes da República Portuguesa*, Coimbra, 2004, págs. 161 e segs.; Maria Lúcia Amaral, *A forma da República*, Coimbra, 2005, págs. 179 e segs.; Jorge Bacelar Gouveia, *Manual de Direito constitucional*, II, 5.ª ed., Coimbra, 2013, págs. 697 e segs.

24. Quanto a *Estado de Direito democrático*, a expressão traduz a confluência de Estado de Direito e democracia. Se, historicamente, surgiram sob influências e em momentos diversos, hoje uma democracia representativa e pluralista não pode deixar de ser um Estado de Direito – por imperativo de racionalidade ou funcionalidade jurídica e de respeito dos direitos das pessoas. O poder político pertence ao povo e é exercido de acordo com a regra da maioria (artigos 2.º, 3.º, n.º 1, 10.º, n.º 1, 108.º, 114.º, n.º 1, 187.º, etc.), mas está subordinado – material e formalmente – à Constituição (citados artigos 3.º, n.º 2, 108.º, 110.º, n.º 2, 225.º, n.º 3, 266.º, 288.º, etc.), com a consequente fiscalização jurídica dos atos do poder (artigos 3.º, n.º 3, 204.º, 268.º, n.º 4, 278.º e segs.)[25].

Há uma interação de dois princípios substantivos – o da soberania do povo e o dos direitos fundamentais – e a mediatização dos princípios adjetivos da constitucionalidade e da legalidade. Numa postura extrema de irrestrito domínio da maioria, o princípio democrático poderia acarretar a violação do conteúdo essencial de direitos fundamentais; assim como, levado aos últimos corolários, o princípio da liberdade poderia recusar qualquer decisão jurídica sobre a sua modelação. O equilíbrio (ou, se se preferir, a síntese, obtém-se através da harmonia sistemática de valores e princípios, bem como através de uma complexa articulação de órgãos políticos e jurisdicionais, com gradações conhecidas.

À luz desta conceção, justifica-se definir o constitucionalismo como a teoria segundo a qual a maioria deve ser restringida para proteção dos direitos individuais. Já não configurar os direitos como trunfos contra a maioria. Nem os direitos fundamentais podem ser assegurados e efetivados plenamente fora da democracia representativa,

[25] *Direitos fundamentais*, cit., págs. 266 e segs.
Mas é bem melhor dizer *ordem constitucional democrática*, como diz o citado artigo 19.º, n.º 2.

nem esta se realiza senão através do exercício de direitos fundamentais. E, se ocorrem tensões ou desvios, hão de ultrapassar-se no âmbito da Constituição e dos seus mecanismos de garantia.

25. Em segundo lugar, porém, Estado de Direito democrático parece querer significar um pouco mais. Pode significar Estado social de Direito.

Ele liga-se especificamente também à democracia económica, social e cultural, cuja realização é objetivo da democracia política (artigo 2.º, 2.ª parte); reporta-se ao relevo assumido pelos direitos económicos, sociais e culturais e pelas condições da sua efetivação [artigo 9.º, alínea *d)*, e artigos 58.º e segs.]; torna-se indissociável da vinculação das entidades privadas aos direitos, liberdades e garantias (artigo 18.º, n.º 1, *in fine*) e da subordinação do poder económico ao poder político democrático [artigo 80.º, alínea *a)*, e artigo 81.º, alínea *e)*]; pretende-se um modelo mais exigente (não necessariamente mais original) de Estado de Direito – no confronto do dos países da Europa ocidental – quer no tocante aos direitos sociais quer no que tange aos próprios direitos de liberdade.

Afirmando a decisão de assegurar o primado do Estado de Direito democrático, a Constituição reitera do mesmo modo o primado do Direito – do Direito que justifica e organiza um Estado democrático e, concomitantemente, reflete e conforma uma sociedade que se aspira de pessoas livres e iguais. O Estado e a sociedade são, assim, qualificados pela sua integração pelo Direito e este é, por seu turno, posto perante a vivência dos fatores de vária ordem decorrentes daquela perspetiva.

Não é uma harmonia pré-estabelecida que se pretende conservar a todo o custo, é uma sociedade imperfeita que se pretende transformar no respeito de certas regras e com vista a certos objetivos. Não se negam os contrastes, os conflitos e os antagonismos de classes, de grupos, de gerações, de setores e de regiões; mas inserem-se tais contrastes numa visão dinâmica do processo social em que se espera a sua superação através de níveis crescentes de participação e desalienação – tudo dentro dum rigoroso quadro constitucional e na permanência dos valores que imprimem caráter e razão de ser à comunidade política.

E) A língua portuguesa, língua oficial

26. Em nenhuma das Constituições anteriores à de 1976 se encontrava qualquer preceito sobre a língua, em nenhuma se sentiu necessidade de o estatuir[26].

Na Constituição de 1976, ao invés, são múltiplas as referências à língua portuguesa. Logo, no texto inicial apareciam no artigo 7.º, n.º 3 (hoje n.º 4), sobre as relações de Portugal com os países de língua portuguesa, e no artigo 15.º, n.º 3, sobre direitos dos cidadãos desses países quando residentes em Portugal. A revisão constitucional de 1982 introduziria o artigo 74.º, n.º 3, alínea *h*) [hoje *i*)], sobre o ensino da língua portuguesa aos filhos de emigrantes, e o artigo 78.º, n.º 2, alínea *d*), sobre relações culturais; a revisão de 1989, o artigo 9.º, alínea *f*), sobre o ensino, a valorização permanente, o uso e a difusão internacional da língua portuguesa como tarefa fundamental do Estado; e a de 2001, o artigo 11.º, n.º 3 declarando o português língua oficial, na linha de um costume multissecular, e o artigo 74.º, n.º 2, alínea *h*), incumbindo o Estado de proteger a língua gestual portuguesa.

Consideram o português língua oficial dos respectivos Estados a Constituição brasileira (artigo 13.º), a cabo-verdiana (artigo 9.º), a timorense (artigo 13.º), a moçambicana (artigo 10.º) e a angolana (artigo 19.º).

27. Por força deste preceito e da alínea *f*) do artigo 9.º, ser a língua portuguesa língua oficial implica:

- o uso exclusivo do português pelos titulares, nessa qualidade, dos órgãos do Estado, das regiões autónomas e do poder

[26] Anotação in Jorge Miranda e Rui Medeiros, *Constituição Portuguesa Anotada*, I, 2.ª ed., Lisboa, 2017, págs. 152 e segs.

local, bem como de quaisquer entidades públicas, tanto no país como no estrangeiro;

- a produção em português de todos os actos do Estado e de todos os procedimentos e processos a eles tendentes (políticos, legislativos, administrativos, jurisdicionais);
- a publicação em português de todos os diplomas emitidos por esses órgãos;
- a comunicação entre todos os órgãos e serviços do Estado e de quaisquer entidades públicas em português;
- a tradução para português de todas as convenções e de todos os actos de organizações internacionais e da União Europeia vinculativos de Portugal;
- a utilização do português como língua oficial da União Europeia;
- a redacção ou a tradução para português dos pedidos de cooperação do Tribunal Penal Internacional e dos documentos que os instruam (Resolução n.º 3/2002, de 18 de Abril, da Assembleia da República);
- a regra da composição em língua portuguesa dos nomes de todas as pessoas nascidas em Portugal, salvo filhos de estrangeiros residentes em Portugal ao serviço dos respectivos Estados;
- a exigência de domínio do português, oral e escrito, para efeito de naturalização [cfr. artigo 6.º, n.º 1, alínea *c*) da Lei n.º 37/81, de 23 de Outubro];
- a necessidade de denominações em português de todas as pessoas colectivas com sede em Portugal;
- o ensino em português em todas as escolas públicas, privadas e cooperativas, com excepção de cursos ministrados por professores estrangeiros no ensino superior (mas sempre com ressalva do ensino também de português) e de escolas pertencentes a Estado estrangeiro;

- a informação aos consumidores em português;
- o uso da língua portuguesa em informações e instruções relativas a máquinas e outros utensílios;
- senão a necessidade, pelo menos a possibilidade de proibição de nomes comerciais em línguas estrangeiras.

A norma constitucional autoriza ainda a formulação de regras tendentes à salvaguarda da língua portuguesa em quaisquer outras designações, na música, em espetáculos e noutras manifestações culturais, e impõe o ensino de português aos imigrantes que não o conheçam, sem embargo de formas graduais de integração.

28. O uso da língua portuguesa pelos cidadãos portugueses e pelos cidadãos de outros países que também a falem constitui um direito fundamental, e direito, liberdade e garantia. Contudo, não deriva propriamente do artigo 11.º, n.º 3, e sim do direito à identidade pessoal (artigo 26.º, n.º 1) – de que faz parte a identidade cultural e linguística – assim como do direito à criação e à fruição cultural (artigos 42.º, n.º 1, e 78.º, n.º 1, 1.ª parte).

Esse direito tem uma vertente ativa: direito de falar, de escrever e de comunciar de qualquer forma em português. E uma vertente passiva: direito de ler, de ouvir, de lhe ser comunicada ou de receber qualquer mensagem em português. Especialmente, direito de ensinar e direito de aprender, em Portugal, em português. E ainda o direito correspondente à tutela jurisdicional efectiva (artigo 20.º).

Por outro lado, na medida em que a língua portuguesa – sem ser património exclusivo de Portugal, longe disso – constitui componente basilar do património cultural português, todos têm o dever de preservá-la, defendê-la e valorizá-la (artigo 78.º, n.º 1). A tarefa fundamental do Estado completa-se com este elemento subjectivo.

Finalmente, e pela mesma razão, o direito à língua envolve o direito de ação popular para promover a preservação, a cessação ou a perseguição judicial de infrações que infrinjam a sua preservação e a sua valorização [artigo 52.º, n.º 3, alínea *a*)].

29. O artigo 13.º, n.º 2 ao vedar privilégios ou discriminações em razão da língua não infirma a regra da língua oficial. Tem que ver tão somente com certas garantias dos não falantes do português que se encontrem no país, consagradas pelo Direito internacional, porquanto:

- qualquer pessoa presa deve ser informada, em língua que compreenda, das razões da sua prisão e de qualquer acusação contra ela formulada (artigo 5.º, n.º 2 da Convenção Europeia dos Direitos do Homem);
- e o arguido em processo penal deve ser informado, em língua que entenda, da natureza e da causa da acusação contra ele dirigida [artigo 6.º, n.º 3 da Convenção Europeia e artigo 14.º, n.º 3, alínea *a*) do Pacto Internacional de Direitos Civis e Políticos].

Para além disto, para inserção na vida coletiva do país, com equiparação, em princípio, de direitos aos portugueses (artigo 15.º, n.º 1) e sem prejuízo do respeito da sua identidade cultural, qualquer estrangeiro tem de possuir conhecimentos de língua portuguesa.

F) A fiscalização da constitucionalidade

30. No texto inicial da Constituição, mantinha-se a fiscalização concreta, difusa e incidental vinda da Constituição de 1911 (artigo 63.º) e da Constituição de 1933 (artigo 122.º, depois 123.º)[27].

Todavia, ele só valia plenamente para normas não inseridas em leis, decretos regulamentares e diplomas equiparáveis (artigo 282.º, n.º 3). Para as outras normas, as mais importantes do ordenamento jurídico, a fiscalização difusa sofria a compressão decorrente da existência da Comissão Constitucional – a fiscalização difusa, não a fiscalização jurisdicional, pois que a Comissão, como órgão de julgamento, era um verdadeiro tribunal (artigos 282.º e 283.º, n.º 3).

Quanto à fiscalização abstrata pelo Conselho da Revolução, o seu regime diferenciava-se bem do regime do artigo 91.º, n.º 2, da Constituição de 1933 (no texto de 1971) em dois pontos do maior vulto. Enquanto que, na Assembleia Nacional de 1971 (ou no Conselho de Estado de 1974 ou no Conselho da Revolução de 1975), qualquer dos membros a promovia, agora o Conselho não tinha iniciativa, tinha de decidir a instância de certos órgãos (dotados de um direito de ação *latissimo sensu*) – o Presidente da República, o Presidente da Assembleia da República, o Primeiro-Ministro, o Provedor de Justiça, o Procurador-Geral da República e, no tocante aos direitos constitucionais das regiões autónomas, as assembleias regionais. Enquanto que na Constituição de 1933 (quer no artigo 91.º, n.º 2, quer no artigo 123.º, § único, depois § 2.º), a Assembleia fixava ela própria os efeitos da inconstitucionalidade (salvo o respeito dos casos julgados), agora ao Conselho da Revolução era vedado fixar tais efeitos – isso competia às autoridades com poder de decisão no caso concreto e,

[27] Cfr. *Fiscalização da constitucionalidade*, Coimbra, 2017, págs. 155 e segs. e 279 e segs.

em última palavra, aos tribunais[28]; o Conselho limitava-se a declarar a inconstitucionalidade com força obrigatória geral; e algo de semelhante se passava com a Comissão Constitucional (artigo 44.º, n.º 1, do estatuto aprovado pelo Decreto-Lei n.º 503-F/76, de 30 de junho).

Enfim, fiscalização *a posteriori* vinha a ser também a nova figura de fiscalização (não de inconstitucionalidade, naturalmente) criada pela Constituição: a fiscalização da inconstitucionalidade por omissão (artigo 279.º), cujo processo era de iniciativa do Conselho da Revolução, compreendia um parecer da Comissão Constitucional e terminava, quando fosse caso disso, com uma recomendação do Conselho ao órgão legislativo competente.

31. A Comissão Constitucional foi o primeiro órgão específico de garantia da Constituição, o primeiro órgão instituído apenas para isso, em todo o constitucionalismo português[29] e a sua composição avizinhava-se da composição corrente em Tribunais Constitucionais, pois, dos seus nove membros, quatro eram juízes, designados pelo Supremo Tribunal de Justiça (um) e pelo Conselho Superior da Magistratura (três); e cinco, não juízes, designados pelo Presidente da República (um), pelo Conselho da Revolução (três) e pela Assembleia da República (um).

Não se tratava, porém, de um tribunal constitucional. Em primeiro lugar, porque desempenhava funções auxiliares de outro órgão, aliás de grande importância como se sabe. Em segundo lugar, porque, mesmo enquanto tribunal com concentração de competência em matéria de inconstitucionalidade, não estava investido de um poder exclusivo (ou prevalecente), nem de um poder genérico de decidir

[28] V. a demonstração no parecer n.º 3/78, de 19 de janeiro, da Comissão Constitucional, in *Pareceres*, IV, págs. 229 e segs.
[29] Para uma visão geral, v. *Recordando a Comissão Constitucional*, Lisboa, 2019.

sobre a inconstitucionalidade de normas jurídicas: coexistia a par dos tribunais e só conhecia da inconstitucionalidade de certas normas.

Por causa da sua circunscrita intervenção houve quem tivesse afirmado que a Comissão não teria por razão de ser tanto defender a Constituição quanto defender o poder legislativo contra o "governo dos juízes". A explicação bem podia, contudo, ser diversa. O que se visaria seria essencialmente submeter a uma instância especializada as questões mais relevantes de inconstitucionalidade; e, para lá disso, abrir caminho, através da conjugação com o artigo 281.º, n.º 2, à declaração de inconstitucionalidade com força obrigatória geral das correspondentes normas de Direito ordinário.

32. Nem por isso deixaria a Comissão Constitucional de vir a desempenhar um papel centralíssimo no sistema:

- porque o Conselho da Revolução seguiu, na imensa maioria dos casos[30], os seus pareceres (em 213 só não seguiu em 13);
- e porque, despertada finalmente a fiscalização difusa, subiram à Comissão centenas de recursos (e ela viria a emitir 481 acórdãos entre 1976 e 1983).

Adotando uma linha interpretativa moderada da Constituição económica (de integração sistemática com a Constituição política), deslindando, pela primeira vez, as normas de competência legislativa e formulando uma jurisprudência aberta no domínio dos direitos fundamentais, a Comissão contribuiu, significativamente, para o desenvolvimento constitucional e para a salvaguarda das instituições democráticas em período ainda marcado por contrastes pós-revolucionários.

[30] E não apenas *com frequência* (como escreve Carlos Blanco de Morais, *Justiça constitucional*, 2.ª ed., Coimbra, 2011, pág. 1441).

33. O tema da fiscalização da constitucionalidade foi dos temas mais discutidos da revisão constitucional de 1981-1982, em virtude de a prevista extinção do Conselho da Revolução obrigar a reponderar o sistema e haver uma mais ou menos clara consciência de que o equilíbrio dos órgãos do poder e o sentido das normas constitucionais iriam depender do modo como a garantia viesse a ser estruturada e posta em ação.

Em teoria, o legislador da revisão gozava de uma grande margem de liberdade para escolher o sistema que considerasse mais adequado, salvo o imperativo de conservação da fiscalização tanto da inconstitucionalidade por ação quanto da inconstitucionalidade por omissão [citado artigo 290.º, alínea *m)*]. Na prática, encontrava-se condicionado (como não podia deixar de ser) pelo sistema vindo de 1976 e pelos seus resultados.

Não se regressou, pois, pura e simplesmente, ao modelo da fiscalização difusa, nem se substituiu o Conselho da Revolução por um novo órgão político. Entendeu-se que era altura de formar um Tribunal Constitucional como órgão de contencioso de normas jurídicas que receberia as competências do Conselho, da Comissão Constitucional e, relativamente a atos respeitantes às regiões autónomas (segundo a Lei n.º 15/79, de 19 de maio), do Supremo Tribunal Administrativo. Mas não se recortou o acesso ao Tribunal Constitucional na fiscalização concreta em termos idênticos aos que são adotados na generalidade dos países em que existe concentração por reenvio prejudicial.

34. Se a criação do Tribunal Constitucional foi aceite quase pacificamente – até por constar de dois projetos de revisão subscritos por Deputados de partidos que atingiam a maioria de dois terços[31]

[31] Projetos da Aliança Democrática e da Frente Republicana e Socialista, além do projeto (depois retirado) da Ação Social-Democrata Independente.

– algumas questões graves dividiam, à partida, os projetos de revisão submetidos a discussão da Assembleia da República.

Eram elas:

a) A manutenção ou não da fiscalização preventiva;
b) A manutenção ou não da fiscalização da inconstitucionalidade por omissão;
c) A manter-se a fiscalização da inconstitucionalidade por omissão saber se deveria competir a um Conselho da República, ouvido o Tribunal Constitucional, por analogia com o sistema de 1976, ou se deveria competir ao Tribunal Constitucional, por analogia com a fiscalização abstrata sucessiva;
d) O regime de intervenção do Tribunal Constitucional na fiscalização concreta, se se preferia manter, ou manter com alterações, o regime de recursos de 1976.

No tocante à composição do Tribunal Constitucional, havia diferenças entre os projetos de revisão constitucional, e um ponto comum: a diversidade de origem ou de designação dos juízes. Mais tarde, porém, quase nos termos da revisão, a situação modificar-se-ia por via de acordo extraparlametar; e, à volta deste ponto, abrir-se-ia também largo debate.

35. Estas cinco questões básicas viriam a ser decididas dos seguintes modos:

a) Manteve-se a fiscalização preventiva, com algumas modificações – por, na experiência do primeiro período constitucional, as suas vantagens se terem revelado superiores aos inconvenientes;

b) Manteve-se a fiscalização da inconstitucionalidade por omissão – de resto, limite material da revisão constitucional;

c) Organizou-se a fiscalização da inconstitucionalidade por omissão por via de decisão declarativa do Tribunal Constitucional – por aproveitamento do esquema paralelo da fiscalização sucessiva de normas e por o Conselho de Estado então criado ou restaurado não ter senão funções consultivas do Presidente da República (novo artigo 148.º do texto constitucional);

d) Para efeito de fiscalização concreta, configurou-se o Tribunal Constitucional como tribunal de recursos, mas em moldes bastante mais abertos do que, antes, a Comissão Constitucional – por compromisso entre os diversos projetos de revisão;

e) Estabeleceu-se uma composição deste Tribunal com dez membros eleitos pela Assembleia da República, por maioria de dois terços de Deputados presentes, desde que superior à maioria absoluta dos deputados em efetividade de funções, e três outros cooptados por aqueles – e devendo seis dos juízes ser escolhidos de entre juízes dos restantes tribunais e os demais de entre juristas.

Imediatamente a seguir à revisão, foi aprovada a lei relativa à organização, ao funcionamento e ao processo do Tribunal: a Lei n.º 28/82, de 15 de novembro[32], já alterada várias vezes.

É este, no essencial, o sistema que perdura até hoje.

36. A revisão constitucional de 1989 também atingiu alguns aspetos da justiça constitucional, quer no tocante ao Tribunal

[32] Os textos relativos à elaboração desta lei foram publicados pela própria Assembleia da República, *Organização, funcionamento e processo do Tribunal Constitucional*, Lisboa, 1984. Cfr. de Barbosa de Melo e Cardoso da Costa, *Projecto de lei sobre a Organização, funcionamento e processo do Tribunal Constitucional*, Coimbra, 1985.

Constitucional, quer no tocante ao próprio regime substantivo e processual de fiscalização.

Uma primeira modificação foi de ordem sistemática: entendeu-se que se justificava autonomizar o seu estatuto e transferir para aí as normas organizatórias até então localizadas na parte IV (de "Garantia e revisão da Constituição").

Nesse novo título (o VI da parte III da Constituição), as principais inovações trazidas pela revisão constitucional frente ao texto anterior a 1989 foram as seguintes:

- A definição do Tribunal Constitucional (artigo 223.º, hoje 221.º);
- A possibilidade de a Assembleia da República eleger como juízes do Tribunal Constitucional mais de três juízes dos restantes tribunais, e não apenas três como acontecia desde 1982 (artigo 224.º, n.º 2, hoje 222.º, n.º 2);
- A constitucionalização das competências de jurisdição eleitoral e de partidos e a extensão aos referendos nacionais da competência já prevista para os referendos locais [artigo 225.º, n.º 2, alíneas *c)*, *e)* e *f)*];
- A explicitação da possibilidade de funcionamento por secções não especializadas não só para efeito de fiscalização concreta da constitucionalidade e da legalidade mas também para o exercício de outras competências, salvo a fiscalização abstrata (artigo 226.º, n.º 2, hoje 224.º, n.º 2);
- A previsão de recurso para o plenário do Tribunal Constitucional de decisões contraditórias no domínio da mesma norma (artigo 226.º, n.º 3, hoje 224.º, n.º 3) – inovação, como é evidente, destinada a propiciar a harmonia de julgados, superando uma anterior omissão ou deficiência do regime do Tribunal.

Por outro lado, em sede de direitos fundamentais, ficaria consignado – numa perspetiva de certa abertura – que "para defesa dos direitos, liberdades e garantias pessoais, a lei assegura aos cidadãos procedimentos judiciais caracterizados pela celeridade e pela prioridade, de modo a obter tutela efetiva e em tempo útil contra ameaça ou violação desses direitos" (novo artigo 20.º, n.º 5). É uma norma da mesma *ratio* da apreciação judicial da prisão preventiva (artigo 28.º da Constituição) e do *habeas corpus* (artigo 31.º).

37. A revisão constitucional de 2001 (provocada pelo Tribunal Penal Internacional) não tocou na matéria da fiscalização da constitucionalidade e também não a de 2005, só respeitante aos tratados da União Europeia. Já não a de 2004, em que as alterações feitas no sistema das regiões autónomas implicaram:

a) Por se ter deixado de consagrar (pelo menos explicitamente) a figura de leis gerais da República (anterior artigo 112.º, n.º 5), o desaparecimento do controlo pelo Tribunal Constitucional da conformidade dos decretos legislativos regionais com os seus princípios fundamentais [anteriormente, artigo 280.º, n.º 2, alínea *b)*, e artigo 281.º, n.º 1, alínea *c)*];
b) Também, por arrastamento, o desaparecimento da fiscalização preventiva dos decretos regulamentares de regulamentação das leis gerais da República (artigo 278.º, n.º 2).

38. A lei orgânica do Tribunal Constitucional admite dois tipos de recursos tendo por objeto as relações de desconformidade entre normas internas e normas internacionais [artigo 70.º, n.º 1, alínea *g)*]:

– recursos das decisões dos tribunais que recusem a aplicação de norma constante de ato legislativo com fundamento em

mera contrariedade com uma convenção internacional ou, como se vai dizendo, em inconvencionalidade;
- recursos das decisões dos tribunais que apliquem uma norma constante de ato legislativo em desconformidade com o anteriormente decidido sobre a questão pelo Tribunal Constitucional.

A primeira hipótese é homóloga à da alínea *a)* do artigo 280.º, n.º 1, da Constituição.

A segunda aproxima-se do caso previsto no artigo 280.º, n.º 5, mas com uma diferença: no artigo 280.º, n.º 5, há a aplicação de uma norma anteriormente julgada inconstitucional pelo Tribunal Constitucional; aqui, a decisão do Tribunal Constitucional tanto pode ter sido no sentido da contrariedade como da não contrariedade entre lei e convenção.

39. Desde a dissertação *Contributo para uma teoria da inconstitucionalidade*, passando por projetos constitucionais apresentados em 1975 e em 1980 e por várias intervenções parlamentares e académicas, tenho propendido para o sistema europeu de reenvio prejudicial.

No entanto, vários autores reconhecem que o sistema misto vigente desde 1976, tem funcionado de modo globalmente positivo e que se tornou paradigmático dos principais Estados de língua portuguesa. A introduzirem-se reformas de fundo na fiscalização da constitucionalidade há outras áreas em que elas se mostram mais prementes.

Impressionam-me, sobretudo, o seguinte: 1.º) o sistema propicia o acesso direto dos cidadãos à garantia da Constituição, através do direito de invocação de inconstitucionalidade e da obtenção de uma decisão em qualquer tribunal (um verdadeiro direito, liberdade e garantia, por conseguinte); 2.º) torna, por isso, todos os juízes co-responsáveis pela Constituição, juízes constitucionais.

Em contrapartida, não podem ser ignorados os abusos de recursos e reclamações para o Tribunal Constitucional, banalizando-os para além do razoável ou aproveitando-os para dilação de processos. Mas a isso cabe atalhar através do agravamento dos requisitos e das sanções contra litigantes de má-fé e através de uma eventual reconsideração da regra geral do efeito suspensivo. E cabe ainda perguntar se um sistema de reenvio – com decisão da questão pelo Tribunal Constitucional, sem a filtragem decorrente de os recursos previstos no artigo 280.º, n.º 1, alínea *b)*, apenas serem admitidos depois de esgotados os recursos ordinários (artigo 70.º, n.º 2, da Lei n.º 28/82) – não levaria a muitos mais processos naquele Tribunal do que presentemente sucede.

40. De resto, parecem-me mais convincentes do que os argumentos a favor:

1) Através do direito de petição e queixa perante o Provedor de Justiça (artigo 23.º da Constituição), órgão de iniciativa da fiscalização da inconstitucionalidade por ação e por omissão [artigos 281.º, n.º 2, alínea *d)*, e 283.º, n.º 1], os cidadãos podem levar ao Tribunal Constitucional quaisquer questões de direitos fundamentais; de certo modo, a filtragem operada na Provedoria funciona como equivalente à que é feita nos Tribunais Constitucionais com "recurso de amparo" e "queixa constitucional";
2) A experiência mostra que a grande maioria das decisões do Tribunal Constitucional versa sobre direitos fundamentais.

41. A dificuldade está em que, não obstante o entendimento alargado que tem sido dado a normas jurídicas[33], não se torna possível

[33] Ao invés, a queixa perante o Tribunal Europeu dos Direitos do Homem, por importante que seja na perspetiva da proteção internacional, não é sucedâneo daquele

impugnar no Tribunal Constitucional nem atos da Administração nem decisões jurisdicionais ofensivas de direitos fundamentais.

Quanto aos atos da Administração, porém, os remédios contenciosos oferecidos pelo Código de Processo nos Tribunais Administrativos afiguram-se satisfatórios, sejam as intimações (artigos 97.º e segs.), sejam as providências cautelares (artigos 112.º e segs.). E quanto às decisões dos tribunais em geral as vias de recurso igualmente prestam suficientes garantias. Restam as decisões dos Supremos Tribunais e as decisões de outros tribunais que não admitam recurso ordinário; e tem havido casos em que, chocantemente, a sua falta é manifesta[34].

Por isso, tenho propugnado desde há alguns anos pela consagração de um recurso – chame-se extraordinário ou não – de tais decisões para o Tribunal Constitucional, quando arguidas de violação de direitos, liberdades e garantias ou de direitos de natureza análoga.

recurso ou daquela queixa, visto que o Tribunal Europeu não anula, nem revoga as decisões dos tribunais internos; apenas julga se houve ou não violação de direitos consignados na Convenção Europeia e nos seus Protocolos adicionais e, em caso positivo, concede à vítima uma reparação razoável.

[34] Cfr., por exemplo, o caso do acórdão n.º 357/2009, de 8 de julho, in *Diário da República*, 2.ª série, de 17 de agosto de 2009.

G) A caducidade de algumas normas constitucionais

42. Diverso fenómeno vem a ser, em rigor, a caducidade de normas jurídicas em geral e de normas constitucionais em especial.

Tal como o desuso, a caducidade refere-se necessariamente a certa e determinada norma, e não à Constituição no seu conjunto. Afasta-se por, no desuso, ocorrer uma não prática assumida como relevante (com a consciência de não obrigatoriedade da norma em causa) e, na caducidade, por simplesmente já não se verificarem os pressupostos ou as condições de que dependia a vigência do preceito[35].

Na revogação dá-se a cessação de vigência da norma por ato expresso que a decreta ou por superveniência de norma contrária. Na caducidade, a cessação de vigência encontra-se preestabelecida ou provém da conjugação de mutações de direito ou de facto.

43. No preâmbulo do texto constitucional declara-se a decisão do povo português de "abrir caminho para uma sociedade socialista no respeito da vontade do povo português".

Ora, torna-se patente, desde a revisão constitucional de 1989, o desfasamento entre a referência a "abrir caminho para uma sociedade socialista, no respeito da vontade do povo português"; e alguns dos princípios fundamentais da organização económica [artigos 81.º, alíneas *b*), *c*) e *g*) e 288.º, alíneas *f*) e *g*)], por um lado, e as normas que apelam à iniciativa social, sem prejuízo da prioridade da inciativa pública, na efetivação dos direitos sociais (artigos 63.º, 64.º, 65.º, 66.º, 75.º), por outro lado.

Logo, o "abrir caminho para uma sociedade socialista" só pode ser encarado de duas formas:

[35] *Teoria da Constituição*, cit., págs. 335 e 336.

a) Ou como significando o mesmo que, desde 1989, se diz no artigo 1.º "Portugal é uma República soberana ... empenhada na construção de uma sociedade livre, justa e solidária" e no artigo 2.º – "visando a realização da democracia económica, social e cultural";

b) Ou tendo desaparecido desse mesmo artigo 2.º o objetivo de "assegurar a transição para o socialismo" e tendo desaparecido também, de entre as tarefas fundamentais do Estado do artigo 9.º a de "socializar os meios de produção e a riqueza", do artigo 80.º e do artigo 81.º, alínea *n)* o "desenvolvimento das relações de produção socialistas" e do artigo 80.º e do artigo 288.º (inicial artigo 290.º) o princípio de "apropriação coletiva dos principais meios de produção" – como significando que tal fórmula deixou de possuir qualquer alcance prático, que caducou, por revisão indireta da Lei Fundamental.

44. Segundo se lê no artigo 7.º, n.º 3 da Constituição, Portugal reconhece o direito dos povos à insurreição contra todas as formas de opressão.

Naturalmente, em caso algum, ele poderia ser invocado para abranger também parcelas da comunidade política portuguesa (a açoriana ou a algarvia, a madeirense ou a minhota, por exemplo). *Primo,* porque se dirige exclusivamente às relações internacionais. *Secondo,* porque o direito de insurreição que enuncia só pode justificar-se pela ocorrência de situações de opressão, insuscetíveis de se verificarem no respeito da Constituição; só a ofensa dos valores constitucionais poderia legitimá-la, não a própria Constituição (e é esta que integra os Açores e o Algarve, a Madeira e o Minho na República).

Por outro lado, a despeito da sua origem e da contiguidade com a afirmação da existência de laços privilegiados com os países de língua portuguesa (maior em 1976, por esta afirmação aparecer no mesmo n.º 3, e agora no n.º 4), nem sequer este preceito vem manifestar o reconhecimento histórico retroativo do direito de insurreição dos povos africanos contra o domínio colonial português. Por duas razões ainda: porque não é função de uma Constituição proceder a legitimações *a posteriori*; porque é princípio básico de Direito internacional o da continuidade do Estado.

É certo que no terceiro considerando da Declaração Universal dos Direitos do Homem já citado se diz que "é essencial a proteção dos direitos do homem através de um regime de direito, para que o homem não seja compelido, em supremo recurso, à revolta contra a tirania e a opressão"; e os preceitos constitucionais devem ser interpretados e integrados de harmonia com ela (artigo 16.º, n.º 2, da Constituição). Mas trata-se aí de mero discurso proclamatório.

Até 2002 – se não se visse ali uma contradição com o princípio de *jus cogens* de não ingerência nos assuntos internos dos outros Estados[36] – era possível atribuir ao preceito um sentido útil. Era possível vê-lo em conexão com o dever do Estado português de promover e garantir o direito à autodeterminação e à independência de Timor Leste, declarado no artigo 307.º, depois artigo 293.º. Este dever, fundado na condenação internacional da ocupação indonésia e na relação histórica e jurídica existente entre Timor e Portugal, ficava reforçado pelo reconhecimento do direito do seu povo à insurreição contra à ocupação indonésia. Depois do referendo de 1999 e da proclamação da independência em 2002 já nada justifica subsistir a proclamação no texto constitucional.

45. O artigo 87.º incumbe a lei de disciplinar a atividade e os investimentos por parte de pessoas singulares e coletivas estrangeiras,

[36] V. *Direito Internacional Público*, 6.ª Edição, Cascais, 2016, págs. 124 e ss.

a fim de garantir a sua contribuição para o desenvolvimento e defender a independência nacional e os interesses dos trabalhadores.

Está completamente ultrapassado pela integração de Portugal na União Europeia e pelas constantes intervenções económico-financeiras dos seus órgãos.

46. Se a Assembleia da República ou a Assembleia Legislativa regional confirmar um diploma objeto de fiscalização preventiva de constitucionalidade por maioria de dois terços dos Deputados presentes desde que superior à maioria absoluta dos Deputados em efetividade de funções, o Presidente da República ou o Representante da República *poderá* promulgá-lo ou assiná-lo (artigo 279.º, n.º 2, 2.ª parte). E se a Assembleia da República aprovar o tratado por maioria de dois terços dos Deputados presentes, desde que superior à maioria absoluta de Deputados em efetividade a funções, o Presidente da República *poderá* ratificá-lo (artigo 279.º, n.º 4).

A origem desta solução foi circunstancial: impedir que o Conselho da Revolução gozasse de um poder de veto absoluto por inconstitucionalidade frente a diplomas dimanados do Parlamento eleito por sufrágio universal. Mas, depois de extinto esse órgão, ela ainda oferecia coerência no plano sistemático da Lei Fundamental, embora fosse criticada por grande parte da doutrina.

A coerência estaria, conforme eu pensava, numa via de equilíbrio.

Enquanto que no veto político, em caso de confirmação haveria um dever de promulgação ou de assinatura – porque o órgão legislativo deveria prevalecer sobre o órgão de veto – na fiscalização preventiva haveria apenas uma faculdade – porque nem o órgão legislativo deveria prevalecer sobre o juízo de inconstitucionalidade, nem o Tribunal Constitucional sobre a assembleia política representativa; e, assim, o inicial poder de veto suspensivo teria desembocado em verdadeiro poder de *sanção.*

Hoje também me parece que esses n.º 2, 2.ª parte e n.º 4, são contrários ao princípio fundamental da constitucionalidade próprio de um Estado de Direito democrático (artigos 2.º e 3.º).

De todo o modo, volvidos quarenta e quatro anos sobre a entrada em vigor da Constituição e mais de trinta e oito sobre a revisão constitucional de 1982, bem pode entender-se que o artigo 279.º, n.º 2, *in fine* e n.º 4 caducou, por desuso.

47. O artigo 291.º, em sede de disposições finais e transitórias, parece permitir a subsistência dos distritos enquanto não estiver concluída a instituição de regiões administrativas.

Todavia, trata-se também de preceito que caducou perante a ausência de assembleias distritais nele previstas e perante o esvaziamento dos poderes dos governadores civis, poderes transferidos para outras entidades da Administração periférica do Estado.

Os distritos subsistem só como círculos eleitorais para a eleição dos Deputados à Assembleia da República no Continente, em violação do princípio da representação proporcional (artigos 113.º, n.º 5 e 142.º, n.º 1) e, noutro plano, enquanto traduzem certas realidades sociológicas.

48. Em "disposições finais e transitórias", a Constituição ressalvou na qualidade de leis constitucionais, não na de leis ordinárias (artigos 291.º e 309.º, e após as revisões constitucionais 290.º, n.º 1, e 292.º) – três das leis constitucionais publicadas após a revolução de 25 de abril de 1974: as Leis n.ºs 8, 16 e 18/75, respetivamente de 25 de julho, 23 de dezembro e 26 de dezembro, todas referentes à incriminação e ao julgamento dos agentes e responsáveis da PIDE-DGS.

Percebe-se facilmente por que razão estas leis não poderiam deixar de ser vistas como leis constitucionais, embora à margem da Constituição formal primária. É que, por conterem desvios ao princípio da não retroatividade das leis incriminadoras consagrado no artigo 29.º, n.º 1, e no artigo 11.º, n.º 2, da Declaração Universal, elas não poderiam sobreviver se não fosse a própria Constituição a determiná-lo; teriam cessado a sua vigência logo à face dos artigos 292.º e 293.º iniciais.

Permaneceram, pois, dotadas de força constitucional apenas por virtude de expressos preceitos da Constituição. As suas normas não possuíam qualquer espécie de autonomia diante das demais normas constitucionais; deviam ser interpretadas sistematicamente e integradas em correspondência com elas; e – até onde fosse possível – deviam ter a leitura que menos colidisse com os princípios da Constituição material. Estavam bem longe dos moldes desenhados pelo artigo 16.º, n.º 2.

Hoje (e desde há muitos anos) deve entender-se que caducaram, por esgotamento do seu âmbito de aplicação ou por prescrição de procedimento criminal (artigo 118.º do Código Penal).

H) O sistema de governo semipresidencial

49. O sistema de governo de 1976 foi moldado com a preocupação maior de evitar os vícios inversos do parlamentarismo de assembleia da Constituição de 1911 e da concentração de poder da Constituição de 1933, e tendo como pano de fundo a situação institucional pós-revolucionária.

O ponto mais delicado dizia respeito ao lugar do Presidente da República, às suas competências e ao seu modo de eleição. Ele não devia ser um Presidente meramente representativo, nem um Chefe de Estado equivalente ao do regime autoritário, nem tão pouco (o que contrariaria a tradição constitucional portuguesa) um Presidente chefe do Poder Executivo. Mas tanto poderia ser um Presidente arbitral, embora com capacidade de intervenção efetiva, no âmbito de um parlamentarismo racionalizado, como um Presidente mais forte, regulador do sistema político, de tipo semipresidencial.

Optou-se pela segunda alternativa, desde logo, pela necessidade de compensar ou equilibrar o Conselho da Revolução, que iria subsistir durante alguns anos. E ainda por mais duas razões: pela dificuldade de instauração de um governo parlamentar após 50 anos sem Parlamento democrático e pela prefiguração de um modelo misto pela Lei n.º 3/74 (com Presidente da República, Governo e um Conselho de Estado, que fazia as vezes de assembleia).

Acrescia o modo de eleição, que não podia deixar de ser (após o desvio traduzido na 1.ª Plataforma de Acordo Constitucional) a eleição por sufrágio direto e universal, de resto prevista já no Programa do Movimento das Forças Armadas (C, 1). A sua reivindicação fazia parte desde 1958-1959 do património das reivindicações democráticas em Portugal. Só ela daria ao Presidente da República suficiente legitimidade para presidir ao Conselho da Revolução e, se fosse caso disso, para se lhe impor[37]. Ela serviria de contraponto de unidade em face da eventual fragmentação parlamentar resultante do princípio da representação proporcional – decorrente este, por seu turno, de uma exigência de garantia do pluralismo e de integração numa sociedade tão dividida como se apresentava a portuguesa.

Sobre tudo isto formara-se um consenso difuso na Assembleia Constituinte, nos principais partidos e na opinião pública nos últimos meses de 1975 e nos primeiros de 1976. E estas orientações viriam a ser consagradas na 2.ª Plataforma e no texto constitucional.

50. Os aspetos fundamentais a considerar eram, pois, os seguintes:

a) Existência de quatro órgãos políticos de soberania – Presidente da República, Conselho da Revolução, Assembleia da República e Governo (artigo 113.º);
b) Atribuição ao Presidente da República, também presidente do Conselho da Revolução, sobretudo de poderes relativos à constituição e ao funcionamento de outros órgãos do Estado e das regiões autónomas, do poder de promulgação e veto e do poder de declaração do estado de sítio ou do estado de emergência (artigos 136.º e 137.º);
c) Condicionamento dos principais atos do Presidente da República pelo Conselho da Revolução (artigos 145.º e 147.º);
d) Sujeição a referenda ministerial apenas de certos atos do Presidente da República (artigo 141.º);
e) Atribuição à Assembleia da República, Parlamento unicameral (artigos 150.º e segs.), sobretudo do primado da função legislativa (artigos 164.º, 167.º, 168.º e 172.º) e de funções de fiscalização do Governo e da Administração pública (artigo 165.º);

[37] Mas isso explica, por outra parte, a circunstância de o primeiro Presidente eleito ter sido um militar.

f) Consideração do Governo como o órgão de condução da política geral do país (artigo 185.º), sendo o Conselho de Ministros presidido pelo Presidente da República apenas a solicitação do Primeiro-Ministro [artigo 136.º, alínea *h*)];

g) Eleição direta do Presidente da República (artigo 124.º), com candidatos propostos por grupos de cidadãos (artigo 127.º) e em data nunca coincidente com a da eleição dos Deputados (artigo 128.º);

h) Exigência de maioria absoluta para a eleição do Presidente da República (artigo 129.º);

i) Eleição dos Deputados à Assembleia da República segundo o sistema proporcional e o método de Hondt (artigo 155.º) e com candidaturas reservadas aos partidos (artigo 154.º);

j) Duração diferenciada do mandato presidencial – cinco anos (artigo 131.º) – e da legislatura – quatro anos (artigo 174.º) – e inelegibilidade do Presidente para terceiro mandato consecutivo e durante o quinquénio subsequente a segundo mandato consecutivo (artigo 126.º);

l) Incompatibilidade das funções de Deputado e de membro do Governo (artigo 157.º);

m) Sujeição da Assembleia da República a dissolução pelo Presidente da República, verificados certos requisitos, designadamente parecer favorável do Conselho da Revolução [artigos 136.º, alínea *e*), e 175.º];

n) Formação do Governo por ato do Presidente da República "tendo em conta os resultados eleitorais" (artigo 190.º), seguido da apreciação do seu programa pela Assembleia da República (artigo 195.º);

o) Responsabilidade política do Governo perante ambos os órgãos (artigo 193.º), não sendo, porém, necessária a confiança positivamente afirmada (pelo menos, da Assembleia) para que ele subsistisse, e bastando a não desconfiança explícita, exceto quando fosse o próprio Governo a pedir um voto de confiança (artigos 195.º a 198.º);

p) Proibição de dissolução da Assembleia da República por efeito de rejeição do programa do Governo, salvo no caso de três rejeições consecutivas (artigo 198.º, n.º 2) e, em contrapartida, dissolução obrigatória quando a Assembleia houvesse recusado a confiança ou votado a censura ao Governo, determinando por qualquer destes motivos a terceira substituição do Governo (artigo 198.º, n.º 3)[38].

Da Plataforma de Acordo Constitucional viriam as regras correspondentes às alíneas *a*), *b*) (em parte), *c*), *g*), *m*), *n*), *o*) (em parte) e *p*).
Dos trabalhos da Assembleia Constituinte as regras correspondentes às alíneas *b*) (em parte), *d*), *e*), *f*), *h*), *i*), *l*) e *o*) (em parte).

51. É interessante fazer uma comparação com a Constituição da V república francesa.

Entre as semelhanças contam-se a conceção do Presidente como órgão dinamizador das instituições e a do Governo como órgão de condução da política geral do país, o poder de dissolução do Parlamento, a tipicidade dos atos sujeitos a referenda e a eleição presidencial direta.

As diferenças apresentam-se, porém, mais significativas:

a) Em Portugal, a eleição do Presidente da República não pode efetuar-se nos sessenta dias anteriores ou posteriores à data das eleições para a Assembleia da República; na França, desconhece-se esta regra de não simultaneidade das duas eleições e, portanto, dos seus resultados políticos;

[38] V. os Autores referidos in *Manual de Direito Constitucional*, I, 2, *cit.*, págs. 198 e segs.

b) Em Portugal, o Governo responde tanto perante o Presidente como perante o Parlamento e o Primeiro-Ministro pode ser demitido pelo Presidente; não na França, juridicamente (mas politicamente sim, salvo em período de "coabitação");
c) Na França, o Presidente preside ao Conselho de Ministros e nomeia os funcionários civis e militares; em Portugal só pode presidir ao Conselho de Ministros a pedido do Primeiro-Ministro (o que assegura uma mais completa separação entre os dois órgãos);
d) Na França, o Presidente tem poder de decisão de referendo e pode tomar medidas extraordinárias em estado de necessidade; não em Portugal;
e) Em Portugal, existe um órgão de condicionamento do Presidente da República; não na França.

52. Na primeira revisão constitucional, para lá da extinção do Conselho da Revolução, mencionem-se:

- A não reelegibilidade do Presidente da República, em caso de renúncia, nas eleições que se realizem no quinquénio imediatamente subsequente (artigo 126.º, hoje 123.º, n.º 2);
- O alargamento de sessenta para noventa dias da regra de não simultaneidade da eleição do Presidente da República e das eleições para a Assembleia da República (artigo 128.º, hoje 125.º, n.º 2);
- A criação do Conselho de Estado como órgão consultivo do Presidente da República [artigos 136.º, hoje 133.º, alínea *a*), e 144.º, hoje 140.º e segs.];
- A dependência da dissolução da Assembleia da República apenas de audição dos partidos e de parecer do Conselho de Estado [artigo 136.º, hoje 133.º, alínea *e*)], em vez de parecer *favorável* do

Conselho da Revolução (como era dantes), e a supressão das regras atinentes a crises ministeriais (anteriores n.os 2 e 3 do artigo 198.º); mas, em contrapartida, a proibição de dissolução nos seis meses posteriores à eleição da Assembleia e nos seis últimos do mandato do Presidente (artigo 175.º, hoje 176.º, n.º 1);

- A demissão do Governo pelo Presidente da República só quando tal se torne necessário para assegurar "o regular funcionamento das instituições democráticas" [artigos 136.º, hoje 133.º, alínea *g*), e 198.º, hoje 195.º, n.º 2];
- A regulamentação mais precisa do poder de veto (artigos 139.º, hoje 135.º);
- A transferência para a Assembleia da República ou para a sua Comissão Permanente da competência para autorizar a declaração de guerra e do estado de sítio ou do estado de emergência [artigos 138.º, alínea *c*), 141.º e 164.º, alíneas *j*) e *l*), hoje artigos 135.º, alínea *c*), 138.º e 161.º, alíneas *l*) e *m*)];
- A limitação do Governo, antes da apreciação do seu programa pela Assembleia, à prática dos atos estritamente necessários para assegurar a gestão dos negócios públicos (artigo 189.º, hoje 186.º, n.º 5 e a possibilidade de ele solicitar a aprovação de um voto de confiança aquando dessa apreciação (artigo 195.º, n.º 3);
- A definição geral das relações entre o Governo e o Presidente da República em termos de "responsabilidade", e não já de "responsabilidade política" (artigos 193.º e 194.º, hoje artigo 190.º);
- A prescrição da demissão do Governo por virtude do início de nova legislatura e de aprovação de uma moção de censura, e não já de duas (artigo 198.º, n.º 1, hoje artigo 195.º, alíneas *a*) e *h*);

53. Na prática, o sistema tem-se traduzido em:

a) Nenhum Governo se tem podido formar ou subsistir senão como emanação ou expressão da situação parlamentar, tendo sido sempre respeitados os resultados eleitorais (artigo 187.º, n.º 1 da Constituição, inicialmente 190.º, n.º 1);

b) O Presidente tem reservado, porém, para si a definição das condições e do termo da subsistência dos Governos (numa posição ativa, e não meramente declarativa, como seria em sistema parlamentar);

c) Salvo uma única vez, o Presidente da República nunca deixou de nomear Primeiro-Ministro o dirigente político indicado pelo partido com maioria absoluta ou relativa;

d) Tal não significa, porém, que, em casos extremos de impossibilidade de formação de Governo com base num partido ou numa coligação ou concertação de partidos, o Presidente não possa nomear um Governo de "iniciativa presidencial", como sucedeu em 1978 e 1979 – só que, tendo esse Governo sempre de não ter o seu programa rejeitado pela Assembleia;

e) Embora não seja a isso constitucionalmente obrigado, o Presidente da República tem quase sempre nomeado os membros do Governo propostos pelo Primeiro-Ministro e só, em raríssimos casos, tem provocado a demissão de um membro do Governo;

f) Formado qualquer Governo e salvo em caso de crise, o Presidente, mais preocupado com o equilíbrio político geral, tem guardado sempre perante ele um maior ou menor distanciamento;

g) Este último ponto, assim como a menor afirmação do Parlamento (por causas históricas antigas e por dificuldades atuais de funcionamento) têm contribuído para o avultar do papel do Governo, órgão de direção da política geral do país (artigo 182.º da Constituição) e, quando Governo maioritário, para a tendência para uma "governamentalização" do sistema.

II
Propostas de alterações constitucionais

Preâmbulo

A 25 de abril de 1974, o Movimento das Forças Armadas restituiu aos Portugueses os direitos e liberdades fundamentais.

No exercício destes direitos e liberdades foram eleitos os legítimos representantes do povo.

A Assembleia Constituinte afirma a decisão do povo português de defender a independência nacional, de garantir os direitos fundamentais, de estabelecer os princípios basilares da democracia, de assegurar o primado do Estado de Direito democrático e de abrir caminho para uma sociedade mais livre, mais justa e mais fraterna.

A Assembleia Constituinte, reunida na sessão plenária de 2 de abril de 1976, aprova e decreta a seguinte Constituição da República Portuguesa:

Notas

1. O preâmbulo deve traduzir a ideia de uma Constituição própria de um Estado democrático e de uma sociedade aberta. A fórmula proclamatória "abrir caminho para uma sociedade socialista, no respeito pela vontade do povo português" não se compatibiliza com uma democracia pluralista e, por isso, caducou, como já se disse.
2. Suprime-se a menção a cidadãos, quanto ao exercício dos direitos fundamentais, por menos conforme com o jus-universalismo do artigo 15.º.

Princípios fundamentais

Artigo 1.º
República Portuguesa

Portugal é uma República soberana, baseada na dignidade da pessoa humana.

Notas

1. Falando-se só, no artigo 1.º, em "dignidade da pessoa humana" (à semelhança do que se lê no artigo 1.º da Constituição federal alemã) a ideia fica mais realçada e fortalecida como pedra basilar do ordenamento jurídico.
2. A consagração da vontade popular decorre da soberania popular, logo constante do artigo 2.º, e os objetivos de "sociedade livre, justa e solidária" constam já e melhor do preâmbulo, ao aludir (na esteira do artigo 1.º da Declaração Universal dos Direitos do Homem) em "sociedade mais fraterna".

Artigo 3.º
Soberania e Constitucionalidade

1. (...)
2. O Estado subordina-se à Constituição.
3. (...)

Notas

1. Este artigo só se compreende como complemento ou explicitação do sentido de Estado de Direito democrático: no n.º 1, reafirma-se o princípio democrático; nos n.os 2 e 3, o princípio do Estado de Direito traduzido em princípio de constitucionalidade.

2. Não faz sentido falar em *legalidade democrática*, nem aqui, nem nos artigos 199.º, alínea *f*), 202.º, n.º 2 e 219, n.º 1, *in fine*. Numa Constituição, o que faz sentido é dizer, como já se diz no artigo 19.º, n.º 2, *ordem constitucional democrática*.

Artigo 4.º
Povo Português

Nota

É só uma mudança de epígrafe. O conjunto dos cidadãos portugueses chama-se povo português.

Artigo 6.º
Estado unitário regional

Nota

Não se trata senão de empregar a expressão correta para definir a forma do Estado.

Artigo 7.º
Relações internacionais

1. (...)

2. Portugal preconiza o estabelecimento de um sistema de segurança coletiva com vista à criação de uma ordem internacional que promova a paz e a justiça nas relações entre os povos.

3. Portugal reconhece o direito dos povos à autodeterminação, à independência e ao desenvolvimento.

Notas

1. Elimina-se a primeira parte do n.º 2, por histórica e ideologicamente marcada. Em vez de "assegurar", prefere-se o verbo "promover".

2. Elimina-se a segunda parte do n.º 3, por contrária ao princípio do *jus cogens*, explicitado no artigo 2.º da Carta das Nações Unidas. Só fazia algum sentido aquando da ocupação de Timor pela Indonésia (1975-1999).

Artigo 9.º
Tarefas fundamentais do Estado

São tarefas fundamentais do Estado:

a) Garantir a independência nacional e criar as condições políticas, económicas, sociais e culturais que a promovam, *mediante um desenvolvimento sustentável do país*;

(...)

Nota

A ideia de desenvolvimento sustentável já está explícita no artigo 66.º, n.º 2 e no artigo 81.º, alínea *a*). Mas deveria também figurar dentro das tarefas fundamentais do Estado.

Artigo 10.º
Sufrágio universal e partidos políticos

1. O povo exerce o poder político através do sufrágio universal, direto e secreto, em eleições periódicas e em referendos, e através das demais formas previstas na Constituição.

(...)

Nota

É uma simples correção do n.º 1 (vindo de 1997), porquanto o sufrágio universal, direto e secreto tanto vale para as eleições como para os referendos e porque só as eleições são periódicas.

Artigo 11.º
Língua oficial e símbolos nacionais

1. [o atual n.º 3]
2. [o atual n.º 1]
3. [o atual n.º 2]

Nota

Em rigor, estes três números deveriam levar a artigos distintos. Mas, a não ser assim, a referência à língua oficial deve vir primeiro, até porque o português não é só língua oficial, nem só bem de Portugal. É, igualmente, um bem das comunidades portuguesas no exterior e dos demais Estados que a têm como língua oficial.

Parte I
Direitos e deveres fundamentais

Título I
Princípios gerais

Artigo 15.º
Não portugueses

1. Os *não portugueses* (...)

(...)

4. A lei pode atribuir a *não portugueses, legalmente* residentes no território nacional e *verificados os requisitos* nela previstos, capacidade eleitoral ativa e passiva para a eleição dos titulares dos órgãos das autarquias locais.

Notas

1. Substituiu-se, por mais aberta a um princípio de universalidade, a expressão *estrangeiros, apátridas, cidadãos europeus* (aliás, incorreta) pela expressão mais aberta *não portugueses.*
2. Elimina-se o requisito de reciprocidade no n.º 4, embora se explicite que a residência tem de ser legal.
3. Ao mesmo tempo, elimina-se a expressão "cidadãos europeus", duplamente errada. Não há cidadãos europeus, porque não há um Estado europeu. Há, sim, cidadania europeia (acervo de direitos atribuídos aos cidadãos dos Estados da União Europeia).

Artigo 18.º
Força jurídica

1. (...)
2. A lei só pode restringir os direitos, liberdades e garantias nos casos previstos *pela* Constituição, devendo as restrições limitar-se ao necessário para salvaguardar outros direitos ou interesses constitucionalmente protegidos.

Notas

Suprime-se o advérbio *expressamente* por poder haver restrições derivadas tanto de direitos quanto de princípios constitucionais e as restrições constitucionais tanto poderem ser explícitas como implícitas (desde logo, as derivadas da limitação recíproca de direitos).

Artigo 19.º
Suspensão do exercício de direitos

(..)

3. [o n.º 4 atual]

4. [o n.º 5]
5. [o n.º 6]
6. [o n.º 7]

Nota

O n.º 3 é suprimido, por bastar a referência ao princípio da proporcionalidade do n.º 4.
O n.º 8 é também eliminado, porque nada acrescenta ao n.º 3 (atual n.º 4).

Artigo 20.º
Acesso ao Direito e aos tribunais

1. (o atual n.º 2)
2. A todos é assegurado o acesso aos tribunais para defesa dos seus direitos e interesses legalmente protegidos.
3. É conferido a todos, pessoalmente ou através de associações de defesa dos interesses em causa, o direito de promover a prevenção, a cessação ou a perseguição judicial das infracções contra a saúde pública, os direitos dos consumidores, o ambiente, a qualidade de vida e o património cultural, bem como de requerer para o lesado ou os lesados a correspondente indemnização.
4. A justiça não pode ser denegada por insuficiência de meios económicos.
5. (o atual n.º 3)
6. (o atual n.º 4)
7. Para defesa dos direitos, liberdades e garantias e de direitos de natureza análoga, a lei assegura aos cidadãos procedimentos judiciais caracterizados pela prioridade e pela celeridade, de modo a obterem tutela efetiva e em tempo útil contra ameaças ou violações desses direitos.

Notas

1. Pretende-se, sobretudo, aperfeiçoar a técnica legislativa e a sistemática.
   A protecção jurisdicional dos interesses difusos é distinta da acção popular e deve inserir-se aqui, e não no artigo 52.º (em sede de direitos políticos)
2. Autonomiza-se a garantia do acesso à justiça independentemente de condições económicas.
3. No n.º 7 adequa-se o disposto no atual n.º 5 àquilo que decorre já da lei, da jurisprudência e da doutrina.

Artigo 21.º
Direitos de reclamação e de queixa e Provedor de Justiça

1. A todos são garantidos os direitos de reclamação e de queixa para defesa dos seus direitos e interesses legalmente protegidos.

2. Podem ser apresentadas queixas por acções ou omissões dos poderes públicos ao Provedor de Justiça que as aprecia sem poder decisório, dirigindo aos órgãos competentes as recomendações necessárias para prevenir e reparar injustiças.

3. (o atual n.º 2)

4. O Provedor de Justiça é um órgão independente sendo o seu mandato de seis anos e não renovável.

5. (o atual n.º 4)

Notas

1. Trata-se aqui e nos artigos 22.º e 23.º de uma mudança de localização. A defesa dos direitos por via não contenciosa deve vir após a proteção jurisdicional.
2. Transfere-se para este artigo a parte do direito de petição relativa à defesa de direitos – de direitos de quaisquer pessoas, e não apenas dos cidadãos.

3. Para garantia da independência do Provedor de Justiça fixa-se um mandato de duração idêntica à do Procurador-Geral da República e impede-se a recondução para o período imediato.

Artigo 22.º
Responsabilidade das entidades públicas

Nota
É o atual artigo 21.º.

Artigo 23.º
Direito de resistência

Nota
É o atual artigo 21.º.

Título II
Direitos, liberdades e garantias

Capítulo I
Direitos, liberdades e garantias pessoais

Artigo 27.º
Direito à liberdade e à segurança

(...)
3. (...)
e) [a atual alínea *f*)]
f) [a atual alínea *c*)]
g) [a atual alínea *g*)]

h) (...)

i) Internamento de portador de doença infeto-contagiosa, decretado ou confirmado por autoridade judicial competente.

(...)

Notas

1. Muda-se a ordem das alíneas do n.º 3, separando os casos que têm que ver com a justiça criminal dos demais casos.
2. A nova alínea *i*) reporta-se à proteção da saúde pública (artigo 64.º).

Artigo 32.º
Garantias de processo criminal

1. O processo criminal assegura todas as garantias de defesa, inclusive o direito de recurso.

(...)

7. O ofendido tem, nos termos da lei, o direito de intervir no processo e de obter proteção e reparação adequadas, nos termos da lei.

Notas

1. É mais rigoroso falar em *direito de recurso*, e não simplesmente em recurso no n.º 1.
2. Reforçam-se os direitos do ofendido no n.º 7.

Artigo 40.º
Direito de antena

O n.º 1 atual.

Notas

Os n°s 2 e 3 melhor ficam nos artigos sobre direitos dos partidos e eleições. Nem se desvalorizam os direitos aí considerados nos atuais n.ºs 2 e 3, porque, como direitos de natureza análoga à dos direitos, liberdades e garantias, se lhes aplica o seu regime conforme o artigo 17.º.

Artigo 43.º
Liberdade de aprender e de ensinar

(...)

3. O ensino público não é confessional, sem prejuízo do ensino religioso ministrado pelas diversas confissões, e a seu cargo, aos alunos que o solicitem.

Nota

Consagra-se no n.º 3 a possibilidade de ensino religioso nas escolas públicas, no seguimento do acórdão n.º 423/87, de 27 de outubro, do Tribunal Constitucional (in *Diário da República*, 1.ª série, de 26 de novembro de 1987). Cfr. o artigo 210, § 1 da Constituição brasileira: "O ensino religioso de matrícula facultativa, constitui disciplina dos horários normais das escolas públicas de ensino fundamental".

Artigo 46.º
Liberdade de associação

(...)

4. Não são consentidas associações armadas, nem de tipo militar, militarizadas ou paramilitares, ou organizações racistas.

Nota

Elimina-se a referência a "organizações que perfilhem a ideologia fascista", por contrária ao princípio do pluralismo político (artigo 1.º).

Capítulo II
Direitos, liberdades e garantias de participação política

Artigo 52.º
Direito de petição e acção popular

1. Todos os cidadãos têm o direito de apresentar, individual ou colectivamente, aos órgãos de soberania ou a quaisquer autoridades petições e representações para defesa da Constituição, da lei e do interesse geral e, bem assim, o direito de ser informados, em prazo razoável, sobre o resultado da respectiva apreciação.

2. As petições apresentadas à Assembleia da República são apreciadas em comissão ou em plenário, nos termos da lei.

3. É garantido o direito de acção popular, designadamente para defesa do cumprimento do estatuto dos titulares dos cargos públicos e do património do Estado e das demais entidades públicas.

Notas

1. No direito de petição fica aqui apenas o que pertence ao âmbito dos direitos políticos dos cidadãos.
2. Conglobam-se no n.º 2 os preceitos do atual n.º 2 e do atual n.º 3 do artigo 178.º.
3. O n.º 3 alarga o conteúdo mínimo da acção popular (verdadeira e própria) para além da atual alínea *b*) do n.º 3.

Título III
Direitos e deveres económicos, sociais e cultuirais

Capítulo I
Direitos e deveres económicos

Artigo 58.º
Direito ao trabalho

1. Todos têm o direito ao trabalho e o dever de trabalhar.
2. Para assegurar o direito ao trabalho, incumbe ao Estado promover:

(...)

Nota

O dever de trabalhar vinha já no texto inicial da Constituição.

Artigo 59.º
Direitos dos trabalhadores

1. Todos os trabalhadores têm direito a:

(...)

g) Garantias de defesa em processo disciplinar.

2. (...) bem como do trabalho de menores de dezoito anos.

4. É proibido o trabalho de menores de dezasseis anos.

Notas

1. Desaparecem os fatores de discriminação do n.º 1 atual, tendo em conta o artigo 13.º (princípio geral de igualdade).
2. Acrescentam-se, nesse número, as garantias de defesa em processo disciplinar.

3. O n.º 3 do artigo 69.º já prevê atualmente o trabalho de menores em idade escolar, mas é um preceito sobre direitos das crianças. E, entretanto, por lei, tornou-se obrigatório o ensino secundário, portanto, até aos dezoito anos.
Adota-se, por isso, agora uma solução razoável: vedar o trabalho de menores de 16 anos e, ao mesmo tempo, proteger especialmente o trabalho dos que se situem entre os 16 e os 18 anos.

Artigo 61.º
Iniciativa privada, cooperativa e autogestionária

1. A iniciativa económica privada exerce-se livremente nos quadros definidos pela Constituição e pela lei, tendo em conta o interesse geral e a responsabilidade social.
(...)

Nota
No n.º 1 acrescenta-se a menção de responsabilidade social.

Capítulo II
Direitos e deveres sociais

Artigo 64.º
Saúde

(...)
3. Para assegurar o direito à proteção da saúde incumbe ainda prioritariamente ao Estado:
a) Promover o acesso de todos aos cuidados de medicina preventiva, curativa, de reabilitação, *paliativa* e *reprodutiva*.

Nota

Acrescentam-se os cuidados de medicina paliativa e reprodutiva.

Artigo 66.º
Ambiente e qualidade de vida

(...)

2. Para assegurar o direito ao ambiente, no quadro de um desenvolvimento sustentável, incumbe ao Estado, às regiões autónomas e aos municípios, por meio de organismos próprios e com o envolvimento e a participação dos cidadãos:

(...)

a) Promover, em colaboração com as autarquias locais, a preservação e o abastecimento de água potável;
b) [a línea *d*) atual]
c) [a línea *a*) atual]
d) [a línea *b*) atual]
e) [a línea *c*) atual]
f) [a línea *e*) atual]
g) [a línea *f*) atual]
h) [a línea *g*) atual]
i) Assegurar que os impostos, as taxas e as demais contribuições financeiras compatibilizem o desenvolvimento com a preservação e a defesa do ambiente e da qualidade de vida.

Nota

1. Insere-se uma nova alínea respeitante à água por razões bem evidentes. O direito ao ambiente envolve o direito à água potável.
2. Transfere-se a alínea *d*) atual para a alínea *b*), pela contiguidade de matérias.

3. Não é só através dos impostos que pode promover-se a defesa do ambiente. E mais que em "defesa", deve dizer-se nessa agora alínea *a*) "preservação do ambiente".

Artigo 69.º
Infância

(...)
3. [Suprimido]

Nota

O n.º 3 é suprimido por a idade escolar abranger também o ensino secundário.

Capítulo III
Direitos e deveres culturais

Artigo 74.º
Ensino

(...)
2. Incumbe ao Estado:

a) Assegurar o ensino básico e o ensino secundário, obrigatórios e gratuitos;

(...)

c) Promover a educação permanente;

d) [a atual alínea *e*)]

e) Assegurar o sistema de ação social escolar;

(...)

3. O ensino é ministrado em língua portuguesa nas escolas de todos os graus, salvo em instituições de Estados estrangeiros ou

quando ministrado por professores que não dominem a língua portuguesa.

Notas

1. Refere-se, na alínea *a*), o ensino secundário, já hoje declarado por lei obrigatório e gratuito.
2. Elimina-se, por ultrapassado, na alínea *c*), a referência a analfabetismo.
3. Elimina-se a alínea *e*) atual, até por contraditória com as alíneas *c*) e *d*).
4. Prevê-se a ação social escolar.
5. O n.º 3 novo é um corolário do artigo 11.º, n.º 3 e uma exigência fundamental perante certas tendências de ensino, até por professores portugueses, sem ser em português!

Artigo 75.º
Ensino público, particular e cooperativo

O Estado assegura a complementaridade do ensino público e dos ensinos particular e cooperativo, de harmonia com os princípios da liberdade e da qualidade e com regime adequado de fiscalização.

Notas

1. Substitui o atual artigo 75.º.
2. O direito de criação de escolas particulares e cooperativas do artigo 43.º, n.º 4, implica a sua complementaridade com as escolas públicas.
3. Mas essa complementaridade exige a qualidade de umas e outras e, por isso, mais que fiscalizar deve incumbir ao Estado ordenar devidamente todo o sistema, em especial através do Conselho Nacional de Educação (que, porventura, poderia ser constitucionalizado).
   Avaliar pressupõe fiscalizar.

Artigo 78.º
Fruição e criação cultural

(...)

3. É vedada a alienação para fora do território nacional de bens classificados de património cultural.

Nota

Recentes casos de alienação de obras muito valiosas do património cultural português a estrangeiro justificam esta providência, corolário da incumbência do Estado de salvaguarda do património cultural [artigo 78.º, n.º 2, alínea *c*)].

Parte II
Organização económica

Título I
Princípios gerais

Artigo 81.º
Incumbências prioritárias do Estado

Incumbe prioritariamente ao Estado no âmbito económico e social:

(...)

h) Promover e apoiar o redimensionamento das estruturas fundiárias.

Nota

Em vez da referência a latifúndios e a minifúndios, passa a falar-se, em geral, em redimensionamento das estruturas fundiárias. Abrangem-se agora também as estruturas florestais.

Artigo 82.º
Domínio público

1. Pertencem ao domínio público do Estado:

(...)

e) As estradas nacionais e as vias férreas;

f) Os portos e os aeroportos;

g) A rede elétrica;

h) Os monumentos, museus, arquivos e bibliotecas nacionais.

2. Pertencem ao domínio público das regiões autónomas, nessas regiões os bens contemplados nas alíneas *c*), *d*) e *f*), e na 1.ª parte da alínea *e*).

3. A lei define o regime e pode classificar outros bens como de domínio público do Estado, das regiões autónomas e das autarquias locais.

Notas

1. O domínio público do artigo 84.º passa para o artigo 82.º, por envolver também incumbências regionais.
2. As alíneas *g*) e *h*) são novas, mas impõem-se por si próprias.
3. Contempla-se já o domínio público das regiões autónomas.

Artigo 83.º
Setores de propriedade dos meios de produção

Nota

É o atual artigo 82.º.

Artigo 84.º
Requisitos de apropriação pública

A lei determina os meios e as formas de intervenção e de apropriação pública dos meios de produção, bem como os critérios da correspondente indemnização e de eventual reversão que venha a verificar-se.

Nota

Acrescenta-se a referência a reversão (ao sector privado), possível ou necessária consoante os casos.

Artigo 85.º

Setores básicos

A lei define os setores básicos reservados a empresas públicas ou com maioria de capital público.

Nota

Corresponde ao n.º 3 do artigo 86.º, mas continua a admitir-se a reserva, por lei, de sectores básicos para empresas públicas ou com maioria de capital público. Reserva essa ditada ou pela natureza da atividade ou por exigências de interesse público em face das circunstâncias.

Artigo 86.º

Cooperativas e experiências de autogestão

Nota

Corresponde ao artigo 85.º atual.

Artigo 87.º

Empresas privadas

1. (...)
2. (...)

Notas

1. O atual artigo 82.º desaparece, já caducado por causa da integração económica estrangeira.
2. Daí a a sua substituição pelo atual artigo 86.º.

Título II
Planos

Artigo 90.º
Planos de desenvolvimento

Os planos de desenvolvimento económico e social concretizam as incumbências do Estado prescritas no artigo 81.º.

Nota

A fórmula atual é redundante. Adota-se uma fórmula de alcance geral por remissão para o artigo 81.º.

Artigo 92.º
Conselho Económico, Social e Ambiental

1. O Conselho Económico, Social e Ambiental é o órgão de consulta e concertação no domínio das políticas económicas, sociais e ambientais, praticadas na elaboração das propostas das grandes opções e dos planos de desenvolvimento económico e social e exerce as demais funções que lhe sejam atribuídas por lei.

2. A lei define a composição do Conselho Económico, Social e Ambiental, com:

a) Membros designados pelo Governo e pelos Governos das regiões autónomas;

b) Representantes das autarquias locais;

c) Representantes de organizações representativas dos trabalhadores, das atividades económicas, dos consumidores, de defesa do ambiente e das famílias.

3. O Conselho elege o seu presidente.

4. A lei define ainda a organização e o funcionamento do Conselho, bem como o estatuto dos seus vogais.

Nota

Não pode haver política económica e social à margem da política ambiental. Daí os aditamentos e alterações alvitradas.

Título III
Atividades económicas

Artigo 93.º
Atividades agrícolas

São objetivos da política agrícola:

a) Promover a melhoria da situação económica, social e cultural dos trabalhadores rurais e dos agricultores e o acesso à propriedade ou à posse da terra e dos demais meios de produção diretamente utilizados por parte daqueles que a trabalham;

b) Assegurar o uso e a gestão racionais dos solos e dos restantes recursos naturais e a manutenção da sua capacidade de regeneração, de acordo com os condicionalismos ecológicos e sociais do país;

c) Promover a cobertura dos riscos resultantes dos acidentes climatéricos e fitopatológicos imprevisíveis ou incontroláveis;

d) Promover o crescimento da produção e da produtividade e assegurar a qualidade dos produtos, a sua eficaz comercialização, o melhor abastecimento do país e o crescimento das exportações;

e) Proporcionar a necessária assistência técnica

Notas

Corresponde, com larga reformulação, aos artigos 93.º e 97.º atuais.

Artigo 94.º
Atividades florestais

São objetivos da política florestal:

a) A preservação dos bens florestais;

b) A adequação dos tipos de árvores às características dos solos.

Nota

As florestas constituem, com o mar, o grande recurso de Portugal. Daí justificar-se um preceito específico sobre elas.

Artigo 95.º
Redimensionamento fundiário

O redimensionamento das unidades de exploração agrícola que tenham dimensão excessiva ou inferior ao economicamente adequado será incentivado e regulado por lei, sem prejuízo, em caso de expropriação, da correspondente indemnização.

Nota

Junta-se o essencial do que consta dos artigos 94.º e 95.º atuais, muito marcados ainda pela conjuntura de 1975.

Artigo 96.º
Formas de exploração de terra alheia

Nota

Corresponde ao atual artigo 96.º, com supressão do n.º 2, já caducado.

Artigo 97.º
Auxílio do Estado

1. Na prossecução dos objectivos das políticas agrícolas e florestais...

Nota

Acrescentam-se políticas florestais.

Artigo 98.º
Participação

Na definição das políticas agrícolas e florestais é assegurada a participação dos trabalhadores rurais e dos agricultores e agentes florestais, através das suas organizações representativas.

Nota

Corresponde ao artigo 98.º atual, com o aditamento da menção dos agentes florestais.

Parte III
Organização do poder político

Título I
Princípios gerais

Artigo 108.º
Titularidade e exercício do Direito

Nota

Embora repetitivo em face dos artigos 3.º e 10.º, serve para reiterar o princípio democrático e, além disso, pode divisar-se no artigo 3.º mais um fundamento de legitimidade e aqui um elemento estruturador de toda a organização política.

Artigo 109.º
Participação política dos cidadãos

O artigo 101.º.

Artigo 110.º
Princípios gerais de Direito eleitoral

1. O direito de sufrágio implica o direito de participar em todos os procedimentos eleitorais.

2. (...)

3. Admitem-se coligações de candidaturas nas eleições para titulares de órgãos colegiais, distribuindo-se depois os mandatos pelas diversas candidaturas de harmonia com o princípio da representação proporcional.

4. As campanhas eleitorais regem-se pelos seguintes princípios:

(...)

b) Igualdade de oportunidades e de tratamento das diversas candidaturas, incluindo tempos de antena, regulares e equitativos, em estações emissoras de rádio e televisão de âmbito nacional e regional.

5. [o atual n.º 4]

6. Consideram-se validamente expressos os votos em branco.

7. A conversão dos votos em mandatos para membros das assembleias faz-se de harmonia com o princípio da representação proporcional, não podendo a lei estabelecer limites à conversão de votos em mandatos por exigência de uma percentagem de votos mínima.

8. As regras eleitorais não podem ser alteradas no ano anterior à eleição a que respeitam.

9. Não podem ser marcadas, nem realizadas eleições em estado de sítio ou estado de emergência.

10. [O n.º 6 do artigo 113.º atual]

11. [O n.º 7 do artigo 113.º atual]

Notas

1. Logicamente, em coerência com o princípio democrático, as matérias das eleições e dos referendos devem vir na Constituição antes das matérias dos órgãos de poder.
2. Substitui-se o atual n.º 1, repetitivo em face do n.º 2 do artigo 10.º, por um novo n.º 1, decorrente do artigo 4.º.
3. A ideia de coligações de candidaturas visa impedir coligações de partidos com partidos fictícios.
4. Na alínea *b*) do n.º 4 coloca-se o que está hoje no n.º 3 do artigo 40.º.
5. No n.º 7 confere-se relevância aos votos em branco, por exprimirem também vontade dos eleitores, ao invés do que sucede com as abstenções.
6. O n.º 7, na 1.ª parte, consigna o que já consta dos artigos 152.º, n.º 1, 1.ª parte, 231.º, n.º 2, e 239.º, n.º 1. Na 2.ª parte, alarga às eleições de todas as assembleias e regras do artigo 149.º, n.º 1
7. Os n.ºs 8 e 9, são importantes garantias da autenticidade democrática.

Artigo 111.º
Referendo

1. Os cidadãos eleitores podem ser chamados a pronunciar-se em referendo, a título vinculativo:

a) Por decisão do Presidente da República, precedendo iniciativa de um número de cidadãos eleitores a fixar em lei ou sob proposta da Assembleia da República, sobre questões de relevante interesse nacional que devam ser sujeitas a deliberação mediante lei ou tratado;

b) Por decisão do Presidente da República, precedendo iniciativa de um número de cidadãos eleitores a fixar em lei ou sob proposta de cada uma das Assembleias Legislativas Regionais sobre questões de relevante interesse que devam ser sujeitas a deliberação mediante decreto legislativo regional;

c) Por deliberação da assembleia da autarquia local ou por iniciativa de um número de cidadãos eleitores a fixar na lei sobre questões de relevante interesse local que caibam nas atribuições das autarquias.

2. São excluídas do âmbito do referendo:

(...)

b) As alterações aos estatutos político-administrativos das regiões autónomas;

c) As questões relativas à paz e à retificação de fronteiras;

d) [a atual alínea *b*) do n.º 4 do artigo 115.º]

e) [a atual alínea *c*) do n.º 4 do artigo 115.º]

3. [O n.º 6 atual]

4. [O n.º 7 atual]

5. As propostas de referendo recusadas pelo Presidente da República não podem ser renovadas antes das eleições subsequentes para a Assembleia da República ou para a respetiva Assembleia Legislativa Regional.

6. São aplicáveis ao referendo, com as necessárias adaptações, as normas do n.º 3 do artigo 110.º.

7. Nos referendos de âmbito nacional podem ser chamados a participar cidadãos eleitores residentes no estrangeiro, regularmente

recenseados ao abrigo do disposto no n.º 2 do artigo 121.º, quando recaiam sobre matérias que lhes digam também especificamente respeito.

8. Não podem ser convocados, nem realizados referendos em estado de sítio ou em estado de emergência.

Notas

1. Pretende-se conglobar num único artigo os atualmente díspares artigos 115.º, 232.º, n.º 2 e 240.º.
2. Todo o referendo passa a ter, por imperativo democrático, carácter vinculativo, suprimindo-se o atual n.º 11 do artigo 115.º.
3. Dá-se, desde logo, o devido relevo à iniciativa popular.
4. Por analogia com as alterações à Constituição, vedam-se referendos sobre alterações aos estatutos político-administrativos regionais.
5. Suprime-se a exclusão do âmbito do referendo das matérias do atual artigo 164.º. São as matérias legislativas mais importantes e não se compreende por que o povo não pode sobre elas deliberar.
6. A alínea *c)* do n.º 2 corresponde ao n.º 5 do artigo 115.º atual, *in fine*.

Artigo 112.º
Partidos políticos e direito de oposição

(...)

3. Perdem o mandato os titulares de órgãos eletivos que se inscrevam em partido diverso daquele pelo qual foram apresentados a sufrágio ou que, tendo sido eleitos sob candidatura de certo partido, se candidatem em eleições subsequentes em candidatura por outro partido.

4. Os partidos políticos representados na Assembleia da República e que não estejam representados no Governo gozam dos seguintes direitos:

a) Direito de ser informados, regular e diretamente, pelo Governo, sobre o andamento dos principais assuntos de interesse público;

b) Direito de resposta às declarações políticas do Governo.

Notas

1. O n.º 3, na primeira parte, reproduz a alínea *c*) do n.º 1 do atual artigo 160.º e, na segunda parte, tem o mesmo fundamento de ética republicana.
2. Trata-se, no n.º 4, de uma melhor arrumação de direitos já constantes do texto constitucional; cfr. artigo 40.º.

Artigo 113.º
Órgãos colegiais

1. [o n.º 1 do artigo 116.º]
2. [o n.º 2 do artigo 116.º]
3. O voto é sempre pessoal e presencial.
4. [o n.º 3 do artigo 116.º]

Notas

1. A pessoalidade do voto é exigência intuitiva.
2. A presencialidade decorre da pessoalidade ou, pelo menos, da transparência democrática.
3. Os presidentes dos grupos parlamentares, ao contrário do que já aconteceu, não representam os Deputados.

Artigo 114.º
Órgãos de soberania

O artigo 110.º.

Artigo 115.º
Separação e interdependências

1. Os órgãos de soberania das regiões autónomas e das autarquias locais observam a separação e a interdependência estabelecidas na Constituição.

2. [o n.º 2 do atual artigo 111.º]

Nota

Reiteram-se, no atinente aos órgãos das regiões autónomas e das autarquias locais, os princípios da separação e da independência.

Artigo 116.º
Estatuto dos titulares de cargos políticos

(...)

3. Os titulares de cargos políticos têm direito às remunerações correspondentes ao seu serviço, com as bonificações a atribuir aos que os exerçam em dedicação exclusiva.

4. Os titulares de cargos políticos não podem:

a) Durante o exercício das funções, aceitar, nem a título gratuito, empregos do Governo, dos Governos regionais, dos órgãos das autarquias locais ou de quaisquer entidades públicas;

b) Nos cinco anos subsequentes ao termo das funções, exercer atividades em quaisquer empresas privadas ou sociais que se situem no âmbito das competências que lhes cabiam.

5. A lei determina os crimes de responsabilidade dos titulares de cargos políticos.

6. A condenação por crimes de responsabilidade com trânsito em julgado implica a perda do cargo.

Notas

1. Os n.os 3 e 4 são exigências de ética republicana.
2. Os n.os 5 e 6 desdobram o n.º 1 do artigo 117.º atual.

Artigo 117.º
Princípio da renovação

Nenhum titular de cargo político pode exercê-lo por mais de dez anos consecutivos ou interpolados, nem nos cinco anos subsequentes a esse período.

Notas

1. Além de corolário do princípio republicano, a renovação dos titulares de cargos políticos destina-se a servir o arejamento da vida institucional e a garantir a independência da sua vida profissional perante os diretórios partidários.
2. O prazo de cinco anos coincide com o duplo mandato permitido ao Presidente da República.

Artigo 118.º
Atos normativos

(...)

3. Têm valor reforçado as leis que, por força da Constituição, sejam pressuposto necessário de outras leis ou que por estas devam ser respeitadas.

Nota

Eliminam-se as referências a leis orgânicas e a leis que careçam de aprovação por maioria de dois terços para evitar confusões entre leis materialmente reforçadas (as que devem ser aqui contempladas) e as leis agravadas pelo procedimento, a tratar no título da Assembleia da República.

Artigo 119.º
Publicidade dos atos

1. (...)
(...)
c) As normas emanadas das instituições da União Europeia nos termos do n.º 4 do artigo 8.º;
d) a *j*) [as atuais alíneas *c*) a *i*) do n.º 1 do artigo 119.º]
(...)

Nota

A nova alínea *c*) decorre do n.º 4 do artigo 8.º. O princípio da publicidade no *Diário da República* também das normas emanadas das instituições da União Europeia.

Título II
Presidente da República

Artigo 120.º
Presidente da República

O Presidente da República é o Presidente representativo de todos os cidadãos portugueses e o órgão que assegura o regular financiamento das instituições democráticas.

Notas

1. Elimina-se, tal como nos artigos 141.º, 147.º e 182.º, a epígrafe "definição", menos apropriada a um texto jurídico.
2. A primeira parte fica em sintonia com o artigo 147.º, sobre a Assembleia da República. São os dois órgãos de representação democrática a nível nacional.
3. Eliminam-se os outros segmentos, por ainda poderem sugerir uma supremacia do Presidente da República relativamente aos outros órgãos de soberania; e, quanto às Forças Armadas, por já haver a alínea *a*) do artigo 134.º.
4. Não por acaso, a Constituição de 1976, ao contrário da Constituição de 1933 (artigos 71.º e 72.º), nunca fala em "Chefe de Estado"

Artigo 126.º
Sistema eleitoral

1. Será eleito Presidente da República o candidato que obtiver mais de metade dos votos validamente expressos

(...)

Nota

Suprime-se a menção dos votos em branco, em coerência com um dos princípios gerais de Direito eleitoral agora alvitrados (artigo 110.º, n.º 6).

Artigo 133.º
Competência quanto a outros órgãos

Compete ao Presidente da República:

(...)

m) Nomear dois juízes do Tribunal Constitucional;

n) Nomear cinco membros do Conselho de Estado, três vogais do Conselho Superior Judiciário e dois vogais do Conselho Superior do Ministério Público;
o) Nomear o presidente do Supremo Tribunal Militar, quando este tribunal exista;
p) Nomear, sob proposta do Governo, o Procurador-Geral da República;
q) [a atual alínea *o*)];
r) [a atual alínea *p*)].

Notas

1. A nomeação de dois juízes do Tribunal Constitucional, embora necessariamente entre juízes (novo artigo 224.º), é requerida pela legitimação democrática do Tribunal, a par da eleição de oito pela Assembleia da República.
2. Na mesma linha vem a designação de dois membros do Conselho Superior do Ministério Público.
3. Desaparece a designação do presidente do Tribunal de Contas, por se consagrar a regra da eleição dos presidentes dos tribunais superiores pelos respetivos juízes.
4. Na lógica do comando supremo das Forças Armadas, prevê-se a nomeação do presidente do Supremo Tribunal Militar, quando este exista.
5. Desaparece a faculdade de exoneração do Procurador-Geral da República para garantia da sua independência.

Artigo 134.º
Competência para outras funções internas

(...)
c) Submeter a referendo as questões previstas no n.º 1 do artigo 111.º;
f) [a atual alínea *g*)];

g) [a atual alínea *h*)];
h) [a atual alínea *i*)].

Notas

1. A competência relativa ao referendo compagina-se com o disposto no artigo 111.º.
2. Desaparece a competência para indultar e comutar penas, resquício monárquico.

Artigo 135.º

...

(...)
d) Acompanhar e apreciar a participação de Portugal na União Europeia.

Nota

A nova alínea *d*) vem na lógica das alíneas anteriores.

Artigo 136.º
Promulgação e veto

(...)
2. Se a Assembleia da República confirmar o voto por maioria absoluta dos Deputados em efetividade de funções ou se o resultado do referendo for favorável à aprovação da lei ou do tratado nos termos da alínea *a*) do artigo 111.º, o Presidente da República promulgará o diploma no prazo de oito dias a contar da receção do diploma ou do apuramento geral do referendo, respetivamente.

3. Será, porém, exigida a maioria de dois terços dos Deputados presentes, desde que superior à maioria absoluta de Deputados em efetividade de funções, para a confirmação dos decretos que respeitem às seguintes matérias:

a) Da alínea *b*) do artigo 161.º;
b) Das alíneas *a*) a *f*), *h*), *j*), *n*), *o*), *q*) e *t*) e primeira parte da alínea *l*) do artigo 164.º;
c) Da alínea *b*), e das alíneas *c*) e *e*) do n.º 5 do artigo 168.º, quanto a estes, na parte respeitante às normas e disposições aí contempladas.

(...)

Notas

1. O aditamento feito no n.º 2, relativamente ao referendo, é decorrência lógica de caráter vinculativo que se pretende que tenha sempre o referendo.
2. Pela sua evidente importância e pela lógica interna do sistema justifica-se acrescentar novas matérias às que podem constar de decretos passíveis de veto qualificado.

Artigo 139.º
Atos do Presidente da República interino

1. O Presidente da República interino não pode praticar qualquer dos atos previstos nas alíneas *e*), *m*) e *n*) do n.º 3 do artigo 136.º.

2. O Presidente da República interino só pode praticar qualquer dos atos previstos nas alíneas *b*), *c*), *f*), *g*) e *q*) do artigo 133.º, nas alíneas *c*) e *d*) do artigo 134.º e nas alíneas *a*), *b*) e *c*) do artigo 137.º, após audição do Conselho de Estado.

Nota

Trata-se de uma adequação do artigo à importância que as matérias se julga que podem revestir.

Artigo 140.º
Referenda ministerial

1. Carecem de referenda ministerial os actos do Presidente da República praticados ao abrigo das alíneas *l*), *o*) e *q*) do artigo 133.º, da alínea *d*)) do artigo 134.º e das alíneas *a*), *b*) e *c*) do artigo 135.º.

(...)

Nota

Trata-se sobretudo de um rearranjo das alíneas citadas, tendo em conta também as alterações de fundo atrás referidas e as intervenções já de outros órgãos.

Artigo 141.º
Conselho de Estado

Nota

Desaparece, como já se disse, o termo "definição".

Artigo 142.º
Composição

O Conselho de Estado é presidido pelo Presidente da República e composto pelos seguintes membros:

(...)

e) O presidente do Conselho Económico, Social e Ambiental;

f) [as atuais alíneas *e*) a *h*)].

Nota

Integra-se no Conselho o presidente do Conselho Económico, Social e Ambiental e que pode contribuir para o esclarecimento de problemas económicos, sociais e ambientais.

Título III
Assembleia da República

Artigo 147.º
Assembleia da República

A Assembleia da República é a assembleia representativa de todos os cidadãos portugueses e o específico órgão político-legislativo do Estado.

Nota

Tal como a respeito do Presidente da República, sublinha-se a função primordial da Assembleia.

Artigo 149.º
Círculos eleitorais

(...)

2. A organização dos círculos eleitorais faz-se, no território nacional, com base no número de cidadãos eleitores, não podendo haver menos de cinco Deputados por círculo.

3. O número de Deputados por círculo plurinominal é proporcional ao número de cidadãos eleitores.

Nota

A prescrição de um número mínimo de Deputados por círculo decorre do princípio da representação proporcional. Na prática, círculos com muito pequeno número de Deputados (como alguns existem, presentemente) frustram o princípio.

Artigo 150.º
Condições de elegibilidade

São elegíveis os cidadãos eleitores portugueses e os cidadãos de Estados de língua portuguesa referidos no n.º 3 do artigo 15.º, salvas as restrições que a lei estabelecer por incompatibilidades legais ou por exercício de certos cargos.

Nota

O atual artigo 150.º, ao apenas prever a elegibilidade de cidadãos portugueses, é contraditório com o artigo 15.º, n.º 3, que não ressalva o acesso à Assembleia da República dos cidadãos dos Estados de língua portuguesa com estatuto de igualdade.

Artigo 152.º
Representação política

Os Deputados representam todo o povo e não os círculos pelos quais são eleitos.

Nota

Corresponde ao n.º 2 do artigo 152.º.
O n.º 1 já está abrangido pela 2.ª parte do n.º 6 do artigo 110.º preconizado.

Artigo 153.º
Início, suspensão e termo do mandato

(...)
2. Só pode haver suspensão de mandato por maternidade ou paternidade, por grave doença prolongada, por causa de procedimento

criminal segundo o n.º 4 do artigo 157.º ou por apresentação de candidatura a outro órgão.

3. O preenchimento das vagas que ocorram na Assembleia, bem como a substituição temporária em caso de suspensão do mandato são regulados pela lei eleitoral.

Nota

Pretende-se assegurar a representação parlamentar através dos Deputados efetivamente eleitos.

Artigo 158.º
Direitos e regalias

Os Deputados gozam dos seguintes direitos e regalias:

a) [a atual alínea *a*)];

b) [a atual alínea *b*)];

c) [a atual alínea *c*)];

Nota

Suprime-se a alínea *d*), por o direito a remuneração já constar do n.º 3 do artigo 116.º sugerido.

Artigo 160.º
Perda e renúncia ao mandato

1. Perdem o mandato de Deputados que:

(...)

c) Sejam judicialmente condenados por participação em organizações racistas;

(...)

2. (...)

Notas

1. Suprime-se a alínea *c*) do n.º 1, por o princípio já constar do n.º 2 do artigo 112.º proposto.
2. Suprime-se a 1.ª parte da alínea *d*) do n.º 1, por a regra também já constar doutro preceito proposto, o n.º 6 do artigo 116.º.
3. E a participação em organização fascista, por essas organizações deixarem de ser proibidas.

Artigo 161.º
Competência política e legislativa

Compete à Assembleia da República:

(...)

n) Pronunciar-se, a título vinculativo, sobre matérias pendentes em órgãos da União Europeia ou de organizações internacionais que incidam na esfera da sua competência legislativa reservada;

(...)

Nota

O carácter vinculativo da pronúncia é um corolário da reserva parlamentar de competência e da própria soberania da República. Abrangem-se também organizações internacionais.

Artigo 162.º
Competência de fiscalização

(...)

f) Acompanhar, nos termos da lei, o envolvimento de contingentes militares e de forças de segurança no estrangeiro.

Nota

É no âmbito da competência de fiscalização, e não na da competência quanto a outros órgãos, que se justifica colocar esta alínea.

Artigo 163.º
Competência quanto a outros órgãos

Compete à Assembleia da República relativamente a outros órgãos:

(...)

f) Eleger, segundo o sistema de representação proporcional, cinco membros do Conselho de Estado;

g) Eleger, por maioria de dois terços dos Deputados presentes, desde que superior à maioria absoluta de Deputados em efetividade de funções, oito juízes do Tribunal Constitucional, o Provedor de Justiça, nove vogais do Conselho Superior Judiciário, sete vogais do Conselho Superior do Ministério Público e dois membros da Entidade Reguladora da Comunicação Social;

h) Eleger, nos termos da lei, os membros de quaisquer outros órgãos do Estado cuja designação lhe seja cometida;

i) Proceder a audiência prévia, nos termos do seu regimento, dos candidatos a titulares dos órgãos previstos na alínea *g*) bem como dos designados pelo Governo para altos cargos da Administração Pública e da União Europeia.

Notas

1. Preconiza-se o alargamento da maioria de dois terços quanto a todas as eleições dos titulares dos órgãos constitucionais da alínea *g*).

   O presidente do Conselho Económico, Social e Ambiental deve ser eleito pelos membros do Conselho.

2. Introduz-se a regra da audiência prévia antes da designação de titulares de órgãos, por motivos de esclarecimento e de transparência.

Artigo 165.º
Reserva relativa de competência legislativa

(...)
x) Regime de criação de entidades administrativas independentes.

Nota

O relevo assumido pelas entidades administrativas independentes, como as associações públicas profissionais justifica a sua inclusão nesta reserva.

Artigo 166.º
Forma dos atos

(...)
2. [atual n.º 3]
3. [atual n.º 4]
4. [atual n.º 5]
6. [atual n.º 6]

Nota

Suprime-se o atual n.º 2, por nada justificar a sua autonomização só pelo *nomen iuris* "leis orgânicas".

Artigo 168.º
Discussão e votação

(...)

3. Os textos aprovados na generalidade são votados na especialidade pelas comissões, sem prejuízo do poder de avocação da Assembleia e do voto final desta para aprovação global.

4. Carecem de aprovação por maioria absoluta dos Deputados em efectividade de funções as leis sobre as matérias das alíneas *a*) a *f*), *h*), *j*), *q*), *r*), *s*) e *t*) e primeira parte da alínea *l*) do artigo 164.º;

5. Carecem de aprovação por maioria de dois terços dos Deputados presentes, desde que superior à maioria absoluta dos Deputados em efetividade de funções:

a) [a atual alínea *a*)];
b) [a atual alínea *c*)];
c) As disposições das leis que regulam as matérias referidas nos artigos 148.º, 149.º e 239.º;
d) [a atual alínea *e*)];
e) [a atual alínea *f*)].

Notas

1. Suprimem-se a 1.ª parte do n.º 3 e todo o n.º 4, por se entender que todos os textos legislativos devem ser votados na especialidade em comissão. Uma evidente razão de operacionalidade assim o recomenda. O essencial do trabalho parlamentar deve caber às comissões, ficando para o Plenário os grandes debates políticos e as perguntas orais ao Governo.
   De resto, já se havia formado um costume constitucional *contra legem* sobre o n.º 3.
2. Por outro lado, quanto ao n.º 4, é incongruente hoje que apenas as leis aí referidas exijam votação na especialidade no Plenário, e não as – muito importantes – constantes do artigo 161.º, como os estatutos das regiões autónomas e a lei orçamental.
   Naturalmente, a alteração preconizada não abrange as leis de revisão constitucional, por definição apenas objecto de votação na especialidade.

3. Os n.ºs 4 e 5 correspondem aos actuais n.ºs 5 e 6, com algumas alterações e com supressão do *nomen juris* leis orgânicas.
5. Pelo contrário, elimina-se, por já não fazer sentido, a referência às restrições de direitos dos militares – que, a haver, teria também de se estender aos juízes.

Artigo 180.º
Grupos parlamentares

(..)
3. Os grupos parlamentares deliberam sobre o sentido das suas votações.
4. [o atual n.º 3]
5. [o atual n.º 4]

Nota

O novo n.º 3 é uma importantíssima garantia do mandato parlamentar.

Título IV
Governo

Capítulo I
Função e estrutura

Artigo 182.º
Governo

[Substitui-se a epígrafe, como se faz acerca dos outros órgãos]

Artigo 195.º
Demissão do Governo

1. Implicam a demissão do Governo:

a) (...)

b) A dissolução da Assembleia da República;

c) [a atual alínea *b*)]

d) [a atual alínea *c*)]

e) [a atual alínea *d*)]

f) [a atual alínea *e*)]

g) [a atual alínea *f*)]

2. Com a dissolução da Assembleia da República o Governo fica limitado à prática dos atos estritamente necessários para assegurar a gestão dos negócios públicos até à tomada de posse do novo Governo após a realização de eleições.

3. [o atual n.º 2]

Notas

1. A nova alínea *a*) é uma consequência da dissolução da Assembleia da República
2. O n.º 2 explicita regras análogas às que se prescrevem no n.º 2 do artigo 234.º acerca dos Governos das Regiões Autónomas.

Artigo 198.º
Competência legislativa

(...)

2. São da exclusiva competência legislativa do Governo as matérias respeitantes à sua organização e ao seu funcionamento, bem como à organização e ao funcionamento da Administração direta e indireta do Estado.

Nota

A reserva de competência legislativa atinente à Administração direta e indireta do Estado (e não à Administração autónoma) coincide com a sua competência administrativa [artigo 199.º, alínea *d*), 1.ª parte].

Artigo 199.º
Competência administrativa

(...)

d) Defender a ordem constitucional democrática.

Nota

V. a nota ao artigo 3.º.

Título V
Tribunais e Ministério Público

Nota

O Título passa a ter por epígrafe "Tribunais e Ministério Público" por, embora complementares, serem realidades distintas. É, aliás, o título da Constituição mais carente de rearrumação sistemática.

Capítulo I
Tribunais

Artigo 202.º
Função jurisdicional

(...)

2. Na administração da justiça incumbe aos tribunais assegurar a defesa dos direitos e interesses legalmente protegidos dos cidadãos e reprimir a violação da ordem constitucional democrática.

(...)

Nota

V. o artigo 3.º, n.º 2 proposto.

Artigo 203.º

Independência

Nota

Mantém-se a redação.

Na Assembleia Constituinte chegou a propor-se, sem êxito, a referência a Direito para se ultrapassarem reducionismos positivistas. Contudo, basta falar em Constituição, tendo em conta os princípios e valores que incorpora.

Artigo 210.º

Tribunais judiciais

1. [o n.º 1 do atual artigo 211.º]

2. O Supremo Tribunal de Justiça é o órgão supremo da hierarquia dos tribunais judiciais, podendo funcionar como tribunal de instância nos casos em que a lei o determine.

3. [o atual n.º 4]

4. Os tribunais de primeira instância são os tribunais de comarca e, bem assim, os tribunais especializados para o julgamento de matérias específicas nos termos da lei.

5. Da composição de tribunais de qualquer instância que julguem crimes essencialmente militares fazem sempre parte um ou mais juízes militares nos termos da lei.

6. O Supremo Tribunal de Justiça e os tribunais de relação podem funcionar em secções especializadas.

Notas

1. Aglutinam-se os artigos 210.º e 211.º, ambos sobre tribunais judiciais.
2. O n.º 2 reúne os n°s 1 e 5 do atual artigo 210.º.
3. Deixa-se de falar em competência própria do Tribunal Constitucional (aqui, como no artigo 211.º) por redundante e por o artigo 209.º já manifestar a supremacia deste no domínio constitucional.
4. O n.º 4 abarca os atuais n.º 3 do artigo 210.º e o n.º 2 do artigo 211.º.
5. O n.º 6 corresponde ao n.º 4 do atual 211.º.
6. Elimina-se o n.º 2 do artigo 210.º, por inútil em face da regra geral do artigo 214.º alvitrado.

Artigo 211.º
Tribunais administrativos e fiscais

1. Os tribunais administrativos e fiscais são os tribunais comuns em matérias administrativas e tributárias.

2. O Supremo Tribunal Administrativo é o órgão superior da hierarquia dos tribunais administrativos e fiscais.

Notas

1. Adota-se uma fórmula paralela à do artigo 210.º.
   Além de realçar a igual composição de uns e outros, tem a vantagem de tornar claro que não se fixa uma reserva absoluta de jurisdição, podendo a Constituição e a lei dar competência concernente a certas matérias a outros tribunais (*v.g.*, contencioso eleitoral ao Tribunal Constitucional).
   Outra vantagem consiste em esvair-se a contraposição entre recursos contenciosos e ações próprias de uma fase da justiça

administrativa ultrapassada pela revisão constitucional de 1997 e pelas Leis n.º 13/2003 e n.º 15/2003, de 19 e 22 de fevereiro, respetivamente.

2. Suprime-se o n.º 2, por inútil em face da regra geral do artigo 214.º.

Artigo 213.º
Tribunal de Contas

1. O Tribunal de Contas é o órgão supremo de fiscalização da legalidade das despesas públicas e de julgamento das contas que a lei mandar conferir-lhe.

2. Compete ao Tribunal de Contas:

(...)

c) Fiscalizar as contas dos partidos políticos e das campanhas eleitorais;

d) [a atual alínea *c*) do artigo 224.º]

e) [a atual alínea *d*)]

3. [o atual n.º 3 do artigo 214.º]

4. [a atual n.º 4]

Notas

1. Havendo um Tribunal de Contas nada justifica a atribuição de competência nas áreas das finanças políticas ao Tribunal Constitucional.
   A Entidade de Contas e Finanças Políticas passaria a funcionar junto do Tribunal de Contas.
2. Suprime-se o n.º 2 do artigo 214.º atual em face do artigo 214.º proposto.

Artigo 214.º
Presidentes dos tribunais superiores

Os presidentes dos tribunais supremos e dos tribunais de segunda instância são eleitos pelos seus juízes.

Nota

Declara-se uma regra geral na esteira do n.º 2 do artigo 210.º e do n.º 2 do artigo 212.º, e que vale também para o Tribunal de Contas.

Capítulo II
Estatuto dos juízes

Artigo 215.º
Princípio da unidade

Os juízes, salvo os do Tribunal Constitucional, do Tribunal de Contas e, quando existam, dos tribunais militares, formam um corpo único e regem-se por um só estatuto, sem prejuízo das adaptações necessárias, nos termos da lei.

Notas

1. A unidade dos tribunais implica a unidade da sua magistratura.
2. Esta unidade não põe em causa o dualismo de tribunais judiciais e tribunais administrativos.

Artigo 216.º
Acesso à magistratura

1. A lei determina as regras de acesso à magistratura.

2. O acesso à magistratura dos tribunais de segunda instância faz-se por concurso curricular dos juízes dos tribunais de primeira instância.

3. O acesso à magistratura do Supremo Tribunal de Justiça, do Supremo Tribunal Administrativo e do Tribunal de Contas faz-se por concurso curricular dos juízes dos tribunais de segunda instância e, nos termos da lei, entre magistrados do Ministério Público e outros juristas de elevado mérito.

Nota

No essencial segue-se a organização já constante dos n.os 2, 3 e 4 do artigo 215.º atual.

Artigo 217.º
Garantias e incompatibilidades

1. [o n.º 1 do atual artigo 216.º]

(...)

4. Os juízes em exercício não podem ser designados para comissões de serviço estranhas à atividade dos tribunais, salvo a presidência de entidades administrativas independentes.

(...)

Nota

A alteração à 2.ª parte do n.º 4 pretende reforçar a independência e a dedicação exclusiva dos juízes.

Artigo 218.º
Conselho Superior Judiciário

1. A nomeação, a colocação, a transferência e a promoção dos juízes e o exercício da atividade disciplinar competem ao Conselho Superior Judiciário, nos termos da lei.

2. Compõem o Conselho Superior Judiciário:

a) O presidente do Supremo Tribunal de Justiça e o presidente do Supremo Tribunal Administrativo, cada um exercendo a presidência por três anos alternados;

b) Nove juízes eleitos pelos seus pares de harmonia com o processo de representação proporcional, sendo seis dos tribunais judiciais e três dos tribunais administrativos e fiscais e do Tribunal de Contas;

c) Três vogais designados pelo Presidente da República;

d) Nove vogais eleitos pela Assembleia da República.

3. Os vogais designados pelo Presidente da República e os eleitos pela Assembleia da República não podem ser juízes em exercício.

4. Os mandatos dos vogais das alíneas *b*), *c*) e *d*) são de seis anos e não renováveis.

5. Os vogais do Conselho Superior Judiciário gozam das garantias e estão sujeitos às incompatibilidades dos juízes.

Notas

1. Apesar do nome, é um Conselho bem diferente do Conselho Superior Judiciário de antes de 1970.
2. Passa a haver um só Conselho Superior, corolário do princípio da unidade da magistratura.

A alínea *a*) do n.º 2 exprime bem essa unidade.

3. Pretende-se, em nome da legitimidade democrática, uma maioria de vogais designados pelo Presidente da República e pela Assembleia da República.
4. Os n.os 3 e 4 constituem garantia da independência.

Capítulo III
Ministério Público

Artigo 219.º
Função e estatuto

1. (...) e defender a ordem constitucional democrática.

(...)

5. O disposto nos n.os 3, 4 e 5 do artigo 217.º aplica-se também aos magistrados do Ministério Público.

6. [o atual n.º 5]

Notas

1. Quanto ao n.º 1, relembre-se o artigo 3.º.
2. Pretende-se também reforçar a autonomia (não propriamente a independência) dos magistrados do Ministério Público.

Artigo 220.º
Procuradoria-Geral da República

(...)

3. O Procurador-Geral da República é nomeado por seis anos, não sendo renovável a designação.

4. Compõem o Conselho Superior do Ministério Público:

a) O Procurador-Geral da República;

b) Nove vogais eleitos pelos magistrados do Ministério Público de harmonia com o princípio da representação proporcional;

c) Dois vogais nomeados pelo Presidente da República;

d) Sete vogais eleitos pela Assembleia da República.

5. Os vogais designados pelo Presidente da República e os eleitos pela Assembleia da República não podem ser magistrados do Ministério Público em exercício.

6. Os mandatos dos vogais do Conselho Superior do Ministério Público são de seis anos e não renováveis.

Nota

À luz do princípio democrático, aduzem-se, com adaptações, regras sobre a composição do Conselho análogas às do Conselho Superior Judiciário.

Título VI
Tribunal Constitucional

Artigo 222.º
Composição e estatuto dos juízes

1. O Tribunal Constitucional é composto por treze juízes, sendo:

a) Dois nomeados pelo Presidente da República;

b) Oito eleitos pela Assembleia da República;

c) Três cooptados pelos dez primeiros, por maioria de dois terços.

2. Os juízes nomeados pelo Presidente da República e os juízes cooptados são designados de entre os juízes em exercício do Supremo Tribunal de Justiça, do Supremo Tribunal Administrativo e do Tribunal de Contas.

3. Os juízes eleitos pela Assembleia da República não podem ser juízes, nem magistrados do Ministério Público.

4. Não pode ser designado juiz quem, nos últimos cinco anos, tenha desempenhado cargos políticos ou de designação política ou desenvolvido atividades em partidos políticos.

5. [o atual n.º 3]

6. [o atual n.º 4]

7. [o atual n.º 5]

8. [o atual n.º 6]

9. Quem tenha exercido funções de juiz do Tribunal Constitucional nos últimos cinco anos não pode ser designado para cargos políticos ou de designação política.

Notas

1. Com o n.º 1 visa-se reforçar a legitimação democrática do Tribunal Constitucional, por o Presidente da República ser eleito por sufrágio universal e direto dos cidadãos.
2. Com o n.º 2 pretende-se reforçar a legitimidade de exercício do Tribunal e a sua ligação aos Supremos Tribunais.
3. Os n°s 4 e 9 assentam na preocupação de afastar qualquer ligação dos juízes com atividades políticas.

Artigo 223.º
Competência

(...)

2. Compete também ao Tribunal Constitucional:

(...)

c) Julgar, em última instância, os atos de contencioso eleitoral relativos aos titulares dos órgãos de soberania, das regiões autónomas e das autarquias locais;

(...)

e) Julgar, a requerimento de Deputados à Assembleia da República e às Assembleias Legislativas regionais, nos termos da lei os recursos relativos às eleições nelas efetuadas;

f) (...)

g) [a atual alínea *e*)];

h) Julgar, a requerimento dos Deputados interessados, nos termos da lei, os recursos relativos à suspensão e à perda de mandato;

i) [a atual alínea *h*)];
(...)

Nota
1. Reformula-se a colocação das alíneas, com antecedência das respeitantes a eleições.
2. Alarga-se o contencioso respeitante aos Deputados.

Título VII
Regiões autónomas

Artigo 231.º
Órgãos de governo próprio das regiões autónomas

1. (...)
2. [o atual n.º 3]
3. [o atual n.º 4]
4. [o atual n.º 5]
5. [o atual n.º 6]
6. [o atual n.º 7]

Nota
O n.º 2 é suprimido em face do n.º 7 do artigo 110.º proposto.

Título VIII
Autarquias locais

Capítulo I
Princípios gerais

Artigo 236.º
Categorias de autarquias locais

1. São autarquias locais as freguesias e os municípios ou concelhos e, no Continente, também as regiões administrativas.

2. [o n.º 3 atual]

3. [o n.º 4 atual]

Notas

1. Substitui-se a epígrafe do título por uma mais correta à luz do artigo 6.º da Constituição.
2. Juntam-se os n°s 1 e 2 atuais.

Artigo 237.º
Descentralização administrativa

(...)

2. [suprimido]

3. [suprimido]

Notas

1. O n.º 2 passa para o artigo 239.º.
2. O n.º 3 passa para o artigo 272.º.

Artigo 238.º
Modificação das autarquias locais

A criação e a extinção de autarquias locais, bem como a alteração das respetivas áreas efetuam-se por referendo nos termos da lei.

Nota

É um novo preceito, coerente com o novo artigo 111.º e com o atual artigo 256.º.

Artigo 239.º
Assembleias e órgãos executivos

1. (...)
2. [o atual n.º 4]
3. [o n.º 2 do atual artigo 237.º]
4. [o atual n.º 3]

Notas

1. A designação de assembleia é preferível à de órgão deliberativo.
2. O sistema eleitoral de membros da assembleia decorre já do n.º 7 do artigo 110.º proposto.
3. A eleição dos membros das assembleias das regiões administrativas fica para artigo próprio.

Artigo 242.º
Pessoal das autarquias locais

[o atual artigo 243.º]

Nota

A matéria do pessoal deve vir antes das matérias financeiras.

Artigo 243.º
Património e finanças locais

(...)

5. Os municípios participam, por direito próprio, nos termos da lei, nas receitas provenientes de impostos diretos.

Notas

1. É para aqui transferido o n.º 1 do artigo 254.º, por se tratar da mesma temática às finanças locais.
2. O n.º 2 do artigo 254.º é eliminado por nada acrescentar ao n.º 4 do atual artigo 238.º.
3. Não se altera o n.º 3, mas ele carece de ser interpretado tendo em conta o n.º 4 do artigo 9.º da Carta Europeia das Autarquias Locais ("Os recursos financeiros das autarquias locais devem, pela sua natureza diversificada e evolutiva, permitir-lhes acompanhar, tanto quanto possível, a evolução dos custos das suas atribuições").

Capítulo II
Freguesias e municípios

[Nada justifica o tratamento em capítulos separados das freguesias e dos municípios, por ser idêntica a sua natureza]

Artigo 244.º
Assembleia de freguesia

Artigo 245.º
Junta de freguesia

Artigo 246.º
Assembleia municipal

1. A assembleia municipal é o órgão deliberativo do município.
2. Na assembleia municipal participam, sem voto, os presidentes das juntas de freguesia do município.

Notas

1. Corresponde ao artigo 251.º atual.
2. A 2.ª parte é eliminada por repetitiva em face do n.º 2 do artigo 239.º.
3. Não se justifica a participação com voto dos presidentes das juntas de freguesia, a qual pode romper a maioria proveniente da eleição direta dos membros da assembleia.
   Justifica-se, sim, e muito, a participação sem voto.

Artigo 247.º
Câmara municipal

[O artigo 252.º atual]

Artigo 248.º
Delegação de tarefas

É o artigo 248.º atual. Mas nada justifica um capítulo autónomo, para as organizações de moradores.

Os artigos 263.º a 268.º são suprimidos.

Artigo 249.º
Associação e federação

1. As freguesias e os municípios podem constituir, nos termos da lei, associações para a administração de interesses comuns.

2. Os municípios podem constituir federações, às quais a lei pode conferir atribuições próprias.

Nota

Aglutinam-se os artigos 247.º e 253.º.

Capítulo III
Regiões administativas

Artigo 250.º

O artigo 255.º atual.

Artigo 251.º

O artigo 256.º atual.

Artigo 252.º
Atribuições

1. [o artigo 257.º atual]
2. [o artigo 258.º atual]

Nota

É óbvia a razão de ser da junção dos artigos 257.º e 258.º.

Artigo 253.º
Assembleia regional

Os membros da assembleia regional são eleitos pelo colégio eleitoral formado pelos membros das assembleias municipais da área da região administrativa, de harmonia com o princípio da representação proporcional.

Nota

Fica assim bem claro que as regiões administrativas são autarquias supramunicipais, destinadas à coordenação e à solidariedade entre os municípios.

Artigo 254.º
Junta regional

O artigo 261.º atual.

Artigo 255.º
Representante do Governo

O artigo 262.º atual.

Título IX
Administração Pública

Altera-se a numeração dos artigos deste título, em virtude da revisão operada no título anterior.

Artigo 256.º
Princípios fundamentais

Corresponde ao atual Artigo 266.º.

Artigo 257.º
Estrutura da Administração

O artigo 267.º, exceto os n.os 5 e 6, que vão ter outra localização.

Artigo 258.º
Entidades privadas com poderes públicos

[O n.º 6 do atual artigo 267.º]

Nota

Justifica-se a autonomização, por estas entidades, em rigor, não fazerem parte da Administração Pública.

Artigo 259.º
Atividade administrativa

1. [o atual n.º 5 do artigo 267.º]
2. [o atual n.º 3 do artigo 268.º]

Nota

É uma rearrumação lógica dos preceitos a que se propõe aqui e no artigo seguinte.

Artigo 260.º
Direitos e garantias dos administrados

1. [o n.º 1 do artigo 268.º]
2. [o n.º 2 do artigo 268.º]
3. [o n.º 4 do artigo 268.º]
4. [o n.º 5 do artigo 268.º]
5. [o n.º 6 do artigo 268.º]

Artigo 261.º
Regime do emprego público

1. Os funcionários e agentes do Estado e das outras entidades públicas estão exclusivamente ao serviço do interesse público, tal como definido, nos termos da lei, pelos órgãos competentes da Administração.

2. Os funcionários e agentes do Estado e de outras entidades públicas não podem ser prejudicados ou beneficiados em virtude do exercício de quaisquer direitos políticos previstos na Constituição, nomeadamente por filiação partidária.

3. O regime da função pública assenta no princípio da carreira, sendo a progressão para os sucessivos escalões efetuada com base em critérios objetivos de avaliação do mérito.

4. [o atual n.º 3 do artigo 269.º]

5. [o atual n.º 4]

6. [o atual n.º 5]

Notas

1. Há funcionários e agentes do Estado. Donde, a mudança da epígrafe proposta.
2. Substituem-se nos n.os 1 e 2 a expressão "trabalhadores da função pública" pelas expressões mais corretas e tradicionais "funcionários e agentes".
3. Insere-se o princípio óbvio da carreira.
4. No resto, é apenas um rearranjo a que se procede.

Artigo 262.º
Restrições ao exercício de direitos

A lei estabelece, na estrita medida das exigências próprias das respetivas funções, restrições ao exercício dos direitos de expressão, reunião, manifestação, associação e deslocação e emigração e à capacidade eleitoral passiva por militares e agentes militarizados em serviço efetivo, bem como por agentes dos serviços e forças de segurança e, no caso destes, a não admissão do direito à greve, mesmo sendo reconhecido o direito de associação sindical.

Nota
É o artigo 270.º atual, apenas com três correções:

- a lei *estabelece* e não pode estabelecer;
- militares e agentes militarizados em *serviço efetivo*, e não dos quadros permanentes;
- acrescentou-se o direito de deslocação e de emigração.

Artigo 263.º
Polícia

1. a 4. [os atuais n.os 1 a 4 do artigo 272.º]
5. [o n.º 3 do artigo 237.º]

Nota
Junta-se a este artigo o preceito sobre polícias municipais.

Artigo 264.º
Responsabilidade dos funcionários e agentes

[O artigo 271.º atual, logicamente o último deste Título]

Título X
Defesa nacional

Artigo 265.º
Defesa nacional

[O atual artigo 273.º]

Artigo 266.º
Defesa da Pátria, serviço militar e serviço cívico

[O atual artigo 276.º]

Nota

Por uma questão de princípio, deve vir logo após o preceito definidor da defesa nacional.

Artigo 267.º
Forças Armadas

[O atual artigo 275.º, posto a seguir ao preceito geral sobre defesa da Pátria]

Artigo 268.º
Conselho Superior de Defesa Nacional

[O artigo 274.º]

Parte IV
Garantia e revisão da Constituição

Capítulo I
Fiscalização da constitucionalidade

Artigo 269.º
Inconstitucionalidade por ação

(...)

2. A inconstitucionalidade orgânica ou formal de convenções internacionais não impede a aplicação das suas normas na ordem jurídica portuguesa, desde que tais normas sejam aplicadas na ordem jurídica da outra parte, salvo se tal inconstitucionalidade resultar da violação de uma norma fundamental.

Notas

1. Mantém-se o título de fiscalização da constitucionalidade, embora também haja fiscalização da legalidade e da convencionalidade.
2. Substitui-se a menção de tratado para as convenções, o mesmo termo utilizado no n.º 2 do artigo 8.º. E deixa-se de falar em tratados "regularmente ratificados" porque os acordos em forma simplificativa não são sujeitos a ratificação.
3. Substitui-se o termo "disposições" pelo termo "normas".

Artigo 270.º
Fiscalização preventiva da constitucionalidade

1. ..., e ainda as propostas de referendo previstas nas alíneas a) e b) do nn.º 1 do artigo 111.º

2. É obrigatório o requerimento de fiscalização da constitucionalidade relativamente a tratados de participação em orgnaizações internacionais e dos previstos no n.º 6 do artigo 7.º.

3. [o atual n.º 2 do artigo 278.º]

4. [o atual n.º 3]

5. [o atual n.º 8]

Nota

O requerimento de fiscalização preventiva da constitucionalidade deve ser uma competência exclusiva do Presidente da República ao serviço do regular funcionamento das instituições democráticas; e dos Representantes da República nas Regiões Autónomas.
Por isso, se propõe revogar os n°s 4 e 7 do atual artigo 278.º.

Artigo 271.º
Efeitos da decisão

1. [o n.º 1 do artigo 279.º]

2. No caso previsto no n.º 1, o decreto não poderá ser promulgado ou assinado sem que o órgão que o tiver aprovado expurgue as normas sobre as quais o Tribunal Constitucional se tiver pronunciado pela inconstitucionalidade.

3. [o atual n.º 3 do artigo 279.º]

4. [suprimido]

Notas

1. Suprime-se a parte final do atual artigo 279.º (admitindo a confirmação do diploma por maioria de dois terços dos Deputados presentes em efetividade de funções) por contrária ao princípio da constitucionalidade. De resto nunca foi aplicado.
2. Pelo mesmo motivo suprime-se o n.º 4.

Artigo 272.º
Fiscalização concreta

1. [o n.º 1 do atual artigo 280.º]

2. Cabe igualmente recurso para o Tribunal Constitucional das decisões dos tribunais:

(...)

c) Que recusem a aplicação de norma constante de ato legislativo ou de decreto regulamentar com fundamento em violação de norma de Direito internacional;

d) Que apliquem norma cuja desconformidade com norma de Direito internacional haja sido julgada pelo Tribunal Constitucional.

3. [o n.º 2 do atual artigo 280.º]

4. Os recursos previstos na alínea *b*) do n.º 1 e na alínea *a*) do n.º 2 somente podem ser interpostos pela parte que haja suscitado a questão da inconstitucionalidade ou da desconformidade com o Direito anterior, regulando a lei o regime da sua admissão.

5. Cabe ainda recurso para o Tribunal Constitucional, obrigatório para o Ministério Público, das decisões dos tribunais que apliquem normas anteriormente julgadas inconstitucionais, desconformes com o Direito internacional ou ilegais pelo Tribunal Constitucional.

6. Esgotados os recursos ordinários, cabe ainda recurso para o Tribunal Constitucional, nos termos da lei, das decisões dos Supremos Tribunais quando arguidas de violação de direitos, liberdades e garantias.

7. No caso de o juízo de não inconstitucionalidade, não desconformidade com o Direito internacional ou de não ilegalidade sobre normas que a decisão recorrida tiver aplicado ou a que tiver recusado aplicação se fundar em determinada interpretação, a norma deverá ser aplicada com tal interpretação no processo em curso.

8. Os recursos para o Tribunal Constitucional são restritos à questão de inconstitucionalidade, de desconformidade com o Direito internacional e de ilegalidade, conforme os casos.

Notas

1. No seguimento do artigo 70.º, n.º 1, alínea *i*) da Lei do Tribunal Constitucional consagra-se a fiscalização pelo Tribunal Constitucional da conformidade com normas de Direito internacional.
   Se ele aprecia a ilegalidade por infração de leis de valor reforçado, por maioria de razão deve apreciar a conformidade de normas ordinárias com normas de Direito internacional vinculativas do Estado Português.
2. O n.º 6 proposto vai no sentido de um reforço dos direitos, liberdades e garantias.
   Não se trata, contudo, nem de um recurso de amparo, nem de ação constitucional de defesa. Recorde-se que o Código de Processo nos Tribunais Administrativos, com base no artigo 20.º, n.º 5 da Constituição, já contempla a intimação para prática de direitos, liberdades e garantias (artigo 109.º).
3. O novo n.º 7 reproduz o artigo 80.º, n.º 3 da Lei do Tribunal Constitucional. É a superioridade do Tribunal na garantia da Constituição, à luz do artigo 201.º, que o justifica.
4. O n.º 8 corresponde ao n.º 6 atual, com referência também a desconformidade com o Direito internacional.

Artigo 273.º
Fiscalização abstrata por ação

1. [o n.º 1 do atual artigo 281.º, assim modificado]:

a) A desconformidade de norma de Direito interno com norma de Direito internacional;

b) [a alínea *a*) do atual artigo 281.º]

c) [a alínea *b*)]

d) [a alínea *c*)]

e) [a alínea *d*)]

2. [o n.º 2 do artigo 281.º, acrescentando-se "desconformidade com norma de Direito internacional]

3. A requerimento do Procurador-Geral da República, o Tribunal Constitucional aprecia e declara com força obrigatória geral a inconstitucionalidade, a desconformidade com o Direito internacional ou a ilegalidade de qualquer norma desde que, como tal, ela tenha sido julgada, pelo menos, três vezes.

4. O Tribunal Constitucional deve deliberar no prazo de seis meses, podendo este ser prorrogado por mais três meses quando a gravidade da matéria o justificar.

Notas

1. Acrescenta-se a desconformidade com norma de Direito internacional.
2. Reserva-se ao Procurador-Geral da República o requerimento para passagem da fiscalização concreta à abstrata.
3. Estabelece-se um prazo, aliás amplo, para o Tribunal deliberar. Tem havido demoras excessivas.

Artigo 274.º
Fiscalização da inconstitucionalidade por omissão

1. O Tribunal Constitucional verifica o não cumprimento de normas da Constituição por omissão de normas legislativas:

a) Quando, nos feitos submetidos a julgamento, os tribunais não possam dar efetivação a direitos fundamentais e das decisões sejam interpostos recursos;

b) A requerimento do Presidente da República, do Provedor de Justiça e, com fundamento em violação de direitos das regiões autónomas, de qualquer dos presidentes das Assembleias Legislativas regionais.

2. [o n.º 2 do atual artigo 283.º]

Notas

1. A alínea *a*) do n.º 1, agora proposta, consagra a fiscalização concreta da inconstitucionalidade por omissão.
2. Não se vai, porém, neste artigo ao ponto de o Tribunal Constitucional emitir a norma legal em falta, o que afetaria a separação dos órgãos de soberania.
   Questão bem diversa é a das decisões aditivas.

Título II
Revisão constitucional

Artigo 275.º a 279.º

Nota

São os artigos 284.º a 289.º atuais.

Disposições finais e transitórias

Artigo 280.º
Direito anterior

[o n.º 2 do artigo 290.º]

Nota

Mantém-se, por, porventura, ainda se descobrir alguma lei ordinária anterior vigente.

Artigo 281.º
Data e entrada em vigor da Constituição

(o atual artigo 296.º)

Mantém-se, historicamente, e porque a Constituição continua a ser, e continuará a ser a mesma, o que consta do atual artigo 296.º, correspondente ao artigo 312.º de 1976.

Os artigos 291.º a 294.º, ainda inscritos no texto formal da Constituição, desaparecem. Caducaram há muito tempo.

Anexo

Declaração de voto em 2 de abril de 1976 *

Neste momento solene e inesquecível, quando se concluem os trabalhos da Assembleia Constituinte – em que pus todo o meu entusiasmo e dedicação, seja-me permitido formular uma declaração de voto individual para reafirmar a minha consciente, sincera e profunda adesão à Constituição aprovada e decretada pelos legítimos representantes do povo.

Faço-a em perfeita coerência com todas as anteriores declarações de voto que, a respeito de tantas matérias, umas vezes na generalidade, outras na especialidade, umas vezes a título pessoal, outras vezes em nome do Grupo Parlamentar do Partido Popular Democrático, tive ocasião de formular. Faço-a ainda em total comunhão de espírito com a declaração de voto do meu partido lida por António Barbosa de Melo, a quem presto a minha homenagem.

Por isso, quero dizer, de novo, aqui e agora, que considero a Constituição de 2 de Abril de 1976 uma importante conquista da democracia e do povo português, um marco na nossa história multissecular e, porventura, também um exemplo para outros povos que, em circunstâncias semelhantes, procuram uma via de liberdade para uma sociedade de justiça.

Sim, a Constituição é uma grande conquista. Porque resulta do labor de uma Assembleia Constituinte livremente eleita apesar da entorse à democracia proveniente da Plataforma de Acordo Constitucional celebrada pelo Conselho da Revolução e pêlos partidos políticas. Porque, fundando a República na dignidade da pessoa humana, consagra os direitos fundamentais dos cidadãos enquanto tais e como trabalhadores (pois o meu projecto de sociedade é o de uma sociedade baseada no trabalho). Porque, definindo um quadro institucional de pluralismo ideológico, primado de vontade popular e limitação do Poder, cria uma verdadeira democracia política não obstante algumas deficiências graves.

Especificando um pouco, salientarei como principais notas positivas da Constituição: o apelo à fraternidade, que consta do preâmbulo; o rigor na enumeração, no tratamento e na protecção dos direitos, liberdades e garantias; o generoso programa de direitos económicos, sociais e culturais de cuja realização depende a efectiva

---

* *Diário da Assembleia Constituinte*, nº 132, de 10 de abril de 1976, págs. 4450 e 4451.

concretização da solidariedade entre todos os portugueses; a abolição dos monopólios e dos latifúndios, a tensão entre propriedade social e iniciativa privada numa economia dualista em transição, o cooperativismo, a planificação democrática; a institucionalização dos partidos políticos e o estatuto de oposição; a eleição por sufrágio universal, directo e secreto do Presidente da República, o relevo do parlamento, assembleia representativa, com o primado do poder legislativo, e perante a qual o Governo é politicamente responsável: a independência dos tribunais e a sua competência de apreciação da inconstitucionalidade (ao lado, porém, da competência reconhecida ao Conselho da Revolução); a autonomia político-administrativa dos Açores e da Madeira; o poder local e o reconhecimento das organizações populares de base; enfim, o apuramento técnico dos preceitos que a Comissão de Redacção pôde obter.

Não ignoro alguns aspectos menos satisfatórios, entre os quais indiciarei: a referência ao Estado de direito com todos os imensos valores que encerra apenas no preâmbulo; a formulação ideológica, de cariz marxista, de muitos dos preceitos; a deficiente garantia da liberdade de ensino como corolário de liberdade religiosa e de convicções e da liberdade de criação cultural; a não consagração constitucional do direito dos trabalhadores à participação na gestão das empresas; a tímida afirmação da unidade dos tribunais; a relativa confusão acerca das missões das forças armadas; o sistema de relações entre Governo e Parlamento (já que o Governo não carece do apoio da maioria do Parlamento, ao passo que o Presidente da República é eleito por maioria absoluta dos cidadãos – o que pode conduzir ao presidencialismo e, eventualmente, ao cesarismo).

A Constituição é uma Constituição feita sobre o acontecimento e uma Constituição de compromisso. Reflecte o traumatismo de quarenta e oito anos de ditadura e alienação e de treze anos de guerra. Reflecte o inebriante ambiente de dois anos de revolução. Produto do concurso de diversos partidos, acumula materiais aparentemente contraditórios, cuja síntese há-de encontrar-se através do esforço de políticos e juristas, e, sobretudo, através da vivência democrática dos cidadãos. Mas não é a democracia compromisso e não foi já, de per si, a Assembleia Constituinte um grande factor de integração democrática?

Portugal tem de vencer a crise económica, reforçar todo o ensino, fazer justiça a tantos que antes e, infelizmente, mesmo depois do 25 de Abril, foram vítimas de perseguição, opressão, exploração e sectarismo. Acima de tudo, porém, Portugal carece

ÍNDICE

de viver em democracia e em paz, na base de um consenso de que esta Constituição deve ser a pedra angular; e carece de redefinir o seu papel na Europa e no mundo – e só há independência nacional quando é o próprio povo que escolhe os destinos do seu país.

Apesar de não concordar com tudo quanto a Constituição estipula, aceito todas as suas disposições, incluindo aquelas de que divirjo porque acredito na democracia. O povo quis esta Constituição, por meio dos seus representantes livremente eleitos. O povo lhe dará cumprimento com a interpretação e o ritmo que preferir, nas próximas e nas sucessivas eleições. O povo, em futura revisão constitucional democrática, alterará a Constituição se assim julgar necessário ou conveniente.

E porque acredito no direito, nos seus valores e na sua força em que se consubstancia, no fundo, a Constituição acredito em que, sob o seu império, os Portugueses saberão viver e progredir.

A terminar, saúdo todos os meus companheiros do PPD, com os quais tive a honra de lutar por um socialismo democrático e humanista – por um socialismo que, para mim, tem de equivaler a democracia em plenitude e libertação integral do homem todo e de todos os homens, em liberdade, igualdade e fraternidade.

Saúdo os cidadãos do círculo eleitoral de Braga, cuja confiança me permitiu estar presente na Assembleia Constituinte.

Saúdo todos os Deputados de todos os partidos e grupos, com quem pude conviver a criar laços de amizade, com quem pude concordar e de quem pude divergir.

Saúdo todo o povo português a que me orgulho de pertencer. Tenho profunda fé nele e na sua vontade de não mais perder a liberdade alcançada.